U0893590

该书系“河南兴文化工程文化研究专项许可纳入项目”
（项目批准号：2022XWHNR02）的阶段性研究成果。

周口历史文化典籍丛书

# 《道德经》新注新解

陈大明◎著

河南人民出版社
·郑州·

**图书在版编目(CIP)数据**

《道德经》新注新解 / 陈大明著. — 郑州：河南人民出版社, 2023. 1

(周口历史文化典籍丛书)

ISBN 978-7-215-13243-6

Ⅰ. ①道… Ⅱ. ①陈… Ⅲ. ①道家 ②《道德经》-译文 ③《道德经》-注释 Ⅳ. ①B223.1

中国版本图书馆 CIP 数据核字(2022)第 252492 号

河南人民出版社 出版发行

(地址：郑州市郑东新区祥盛街 27 号 邮政编码：450016 电话：65788053)

新华书店经销　　河南灏博印刷有限公司印刷

开本 710 毫米×1000 毫米 1/16 印张 16.25

字数 227 千字

2023 年 1 月第 1 版　　2023 年 1 月第 1 次印刷

定价：46.00 元

# 总　序

## 诚明不易

### ——读书和思考很重要

有文化,对于一个人或一个地方来讲,都是件很荣耀的事。

但对任何事物的评判,是要有标准的,除了感情因素、动机因素,还要有客观现象或现实作为依据。

评判一个人是否有文化,需要把握三个核心要素:

思考问题的深刻性、系统性,即能力标准;做人做事的原则性,即道德标准;处世的格局与方式,即表现形式。

评判一个地方是否有文化,是这三条个体标准的群体化,千年相沿,影响带动,形成民风。

也可以量化对比一些现象,比如历史文化资源中某地域科举考试进士数量,比如时代文化气息中某地域人均线下图书购书量和借阅量。这一个历史数字和一个现实数字,以今天的地市级行政区划来比较,如果都没能进入全国的前100位,就要在崇文重教方面加压奋进了。

也可以观察考量一些群体社会表现,比如对于名利的态度和追求方式,比如人际交流中能否自然而准确地表达。如果在名利面前都可以弹性处理道义和手段，如果平常说话要么是词不达意要么是轻浮卖弄，就要在民风淳正方面强化引领了。

还可以客观分析这个地方对于历史文化资源传承弘扬的着眼点和着力点，即以什么理念和什么方式来做。

不去研究老子、孔子的思想和生平，而只专注于附会渲染他们出生时天有异象；不去探讨孔庙、太昊陵的历史沿革、礼制内涵、建筑格局，而是津津乐道于怎么跳龙门、怎么摸子孙窑生儿子；不去领悟楚辞、理学的文化意蕴，而去无谓地争夺屈子投江、程门立雪的发生地；不准确把握历史名人资源的界定标准，而一味自作多情地生拉硬拽、认亲攀附；不深入全面地研读文化典籍，而是听说了几个名词术语就敢写文章谈观点，误认为能溜滑板就能开飞机；不科学地研判文化资源价值，明确地域文化定位，而是敢把梦话当学术宣言，动辄自称“宇宙元点”；输了赛道之后，不是反省自己体质、技能或装备上的不足，而是到处喧嚷“我祖上会飞”。

这种现象不是个别的，不是一时的，是大面积长期存在。

为什么要这样？就是因为这样做成本低，不需要下苦功夫，不需要钙铁硒、精气神、勤奋和天赋的支撑，只需要在村头听听老奶奶是怎么哄孙子的，在酒桌上借鉴些别人的豪言壮语，再掺些自己常用的聪明，就可以跳出来鸣锣起舞了。

这样做的直接后果，是把科学的变虚幻了，把真实的变模糊了，把厚重的变轻薄了，把人格塑造变成生活调味了。一场弘扬历史文化的恢弘大剧，变成了戏谑小品。

把这些现象都观察分析一番，再来衡量一个地方是否有文化，是否有健康正确的文化观，相信有些自我文化定位很高的地方，也会有一定程度的失落。

一个地域内，文化的阶段性、类别性缺失，是由多种原因造成的，就像一个人的体质不佳，有的是先天不足，有的是大病之后元气没能恢复，有的是长期不良习惯致使免疫力弱,等等。这本身不可怕,辨症施治就行了。要注意的是,不能误把病态作强健,再以不健康的方式试图去勉力维护这虚幻的强健。

失落之余,不是沉沦颓废,不是自欺自诩,而是要冷静下来,分清楚病态与健康,查明白遗传或病理,以对时代负责的态度,对子孙负责的态度,努力去弥补缺失。

前人留下的东西,我们要科学地传承好;前人留得少的东西,在我们手中变多;前人没有留下的东西,我们努力给子孙创造。

要促进文化的发展与繁荣,不能靠空谈,是需要付出的。要下笨功夫,去研究,去实践,持续发力引导,以一代人甚至几代人的付出,不断优化一个地方的文化基因。

最基本的方式,是读书与思考,有质量的读书与思考。

读书的目的,不完全是获取知识,不单单是做些学问。读书的最根本目的,是让人有思想、有灵魂,有至诚之德和洞明之智,是要塑造健全人格。

所以,要多读有用之书,想明白做人做事的道理,外化于言行。一人如此,千万人如此,当下这样,世世代代这样,努力实现我们这个时代新的文化灿烂。

周口,有着悠久的历史,有着丰富的文化资源,是中华道德文明起源传承的核心区。相传伏羲氏在这里演八卦,探索自然规律,追求天人合一,开启人类文明大道之源;老子在这里研道悟道,辨明道德关系,引领尊道贵德,道德理念厚植于这方土地。

同是在这块土地上,先贤留下了无数典籍,是民族文化的瑰宝。我们从中选择9个方面的内容,邀请若干学界有影响、学术有专长、地域有关联的学者,共同编纂"周口历史文化典籍丛书",在继承前人思想文化的同时,形成我们这个时代自己的文化成就,为大家提供阅读,引发大家思考,为"道德名城　魅力周口"文化标识增添亮度。

以后，我们还会不断努力。希望有更多人参与支持。

编　者

2022 年 10 月 11 日

# 序

我一直关注着古陈国这块地方，历史上它是地理小国，又是文化大国。

古者伏羲氏在这里定都，一画开天，开拓出中华先民的精神世界，其标识是画八卦。

我是福建客家人，但我的祖根在这里，天下陈氏的得姓始祖陈胡公被封于陈地，建立陈国，在这里治理并繁衍子孙后代，他的墓至今仍在龙湖岸边，陈氏后人千百年来岁时祭祀，香火不辍。

从陈氏颍川堂先辈那里继承下来的祖先崇拜，一直萦回在我的心间、脑际，成为代代传承、永志不忘的根亲文化基因。

伏羲当年在这里播撒的精神世界的火种，一直绵延传承下来，肇启了"道""德"理念和道德价值观。从伏羲时代，经过炎黄时代、唐尧虞舜时代、夏商周三代，到了春秋末年的老子手里，实现了"道""德"理念的形上与形下、抽象与具体的有效整合，是谓道德价值观的集大成与最终形成。并由此涵化了诸子百家，触发了中华文化，形成了道文化精神与道德价值取向。这些，均反映在老子的五千言《道德经》中。

所以，我对属于古陈国的河南周口鹿邑密切关注，这的确是一片历史文化底蕴异常深厚，在中华精神、思想、文化史上曾经产生、仍将继续产生着重要作用和影响的地方。

自20世纪80年代末开始，我先后7次踏上这片土地，就是为了在这里寻找别的地方无可替代的历史文化感觉，寻找我的精神家园和安顿生命的地方。

让我欣慰的是，在这里我找到了这种感觉，因为，这里是史有明载、有据可查的伏羲定都地和老子诞生地，更是道德价值观的发祥地和集大成地。这是我多次考察和披阅史料得出的结论。

让我感动的是，河南省把这里当作老庄元典文化旅游区建设；周口市把这里当作“道德名城·魅力周口”打造；鹿邑县把这里当作“老子故里，道家之源，道教祖庭，李姓之根”发展。这里古风盎然，民习淳朴，尊道贵德，地杰人灵。从古至今，对于伏羲文化、老子文化均有不少有识之士在接续，在解读，在弘扬。由周口市委宣传部组织的“典籍周口——《道德经》随谈”学理扎实，深入浅出，在历史人文实景中拍摄并广泛传播，就属于这种传承与弘扬。

于是，便有了陈大明和他的新作《道德经新注新解》。作为老子故里的老学专家，他以我依据郭店楚简《老子》、帛书《老子》勘校研究而确定的《老子校定文》作为底本，汲取历代名家注释《道德经》的成果，形成了这部书。

这部书是对老子文本当代注释与研究的创新之作、普及之作，也是老子故里学习研读《道德经》的突出成果，使我看到了道德价值观发源地的老学研究水平和《道德经》普及程度。

多年来，我一直期冀能够有一部既切合老子文本原意，又具学术功力，平实易读的《道德经》注释解读本子，现在有了。为此，我十分高兴地把《道德经新注新解》推荐给海内外读者。

是为序。

陈鼓应

壬寅年阳春三月于北京大学

（陈鼓应系台湾大学教授、北京大学人文讲席教授、北京大学道家研究中心主任、老子研究院名誉院长）

# 目　录
CONTENTS

# 绪 言

春秋战国时代，是一个需要思想文化巨人也产生了思想文化巨人的时代。经过母系氏族社会到父系氏族社会的过渡，再经过伏羲时代、炎黄时代、唐尧虞舜时代和夏、商、周三代的思想文化积累，中华民族的先民们从蒙昧时代进入早期的文明时代，并终于在春秋战国时期迎来了“文明的轴心”时代。这是一个百家争鸣、百花齐放、人才辈出、群星灿烂的伟大时代，这个时代产生了不朽的思想文化巨人，这个时代构建的博大精深、启人心智的思想文化体系，奉献给全人类的思想文化瑰宝，至今依然焕发着经久不息的生命活力。老子，就是在“文明的轴心”时代参与中华民族思想文化体系构建的伟大的哲学家、思想家、道家学派创始人。老子是一座巍然屹立的思想文化奇峰。直到今天，老子的思想仍然具有巨大的穿透力、感召力和影响力。

## 一

老子是不朽的。他的不朽就在于无论生前、身后，无论他本人抑或他的弟子，都没有刻意要留下什么。在老子被唐代皇帝尊奉为“圣祖”和“太上玄元皇帝”之前，老子的结局是在西出函谷关的途中，受关令尹喜之邀著书五千言，言道德之意而去。去了哪里，连以毕生精力写出被称为

“史家之绝唱，无韵之离骚”的太史公司马迁也未弄清楚，只得含糊其词地说“莫知其所终”。所以，在老子的家乡河南省周口市鹿邑县，汉代便建了老子升仙台，便有了老子骑青牛直上三十三层大赤天的美好传说。在《封神演义》和《西游记》等古典小说里，便有了作为神的太上老君。他那个神奇的炼丹炉令不少人心向往之，幻想有朝一日吞食金丹，长生不老，白日飞升。当然，也炼出了孙悟空的火眼金睛，能穿透妖雾，辨别人妖、真伪，真个令人神往不已。老子的不朽，突出表现在他具有亦人亦神的双重身份：在他的乡亲、弟子和道家学者眼里，他是一个实实在在的人，有七情六欲，有人生追求，有著述名世和传世，他的思想穿过时空隧道，长久地影响和启发着全人类；而在中国古典文学作品和道教信众、百姓心目中，老子是一尊神，他羽化登仙，虚无缥缈，一气化三清，护佑着人世间的芸芸众生。

老子是伟大的。这种伟大之说，不是封建时代宗法制的皇权崇拜盛行时人们三叩九拜被迫高呼“万岁、万万岁”所表达的“伟大”，而是自自然然、实实在在的伟大。伟大出于平凡，在老子那里体现得最为充分。老子是以思想的力量显示其伟大的。论官职，他是周王朝的一个守藏室史，相当于今天的国家图书馆馆长，若按现今流行的多以“家”命名的习惯，他也是周朝天子、各级官吏抑或老百姓都知道的图书管理专家。守藏室史的官职，并没有使他在仕途上显赫，他同时或以后的帝王将相都落个“荒冢一堆草没了”“白茫茫大地真干净”的结局，人们早已不知其姓甚名谁了，至于他们的文治武功也都成过眼烟云。而老子则不同，他不求闻达于诸侯，不像他的学生孔子那样奔走天下，游说诸国，他倒是发挥了身为守藏室史的优势，既冷眼观察周王朝的兴衰替代、君王臣民的悲欢离合，又遍览文史资料，埋头攻读，积累知识，为我所用。《道德经》中所表达的深邃见解，老子对自然、对社会、对人生多视角、多侧面的体悟，无不隐含着一种强烈的内在力量，人们无论从哪个方面解读，均能受到启发，获得教益。所以，老子才有那么多的崇拜者，老子思想才被那么多的政要、企业家抑或平民百姓奉为圭臬;所以,在人类社会的历史车轮滚滚驶进21世纪,人们在满怀信心地展望未来时,也饶有兴趣地回过头来,定格在2500多年前中国的春秋战国时代,定位在河南省周口市鹿邑县这片古老而又具有厚重历史积淀的土地上,学习老子,研究老子,解读老子。

“桃李不言,下自成蹊。”老子活着时,乡亲们只知道他学识渊博,身康体健,处世自然,为人忠厚,是一位慈眉善目的老者,具有一定的知名度。孔子曾经多次向他老人家问礼,甚至在行年60多岁时又一次不顾鞍马劳顿,拜见老子。虽然老子说话很直,批评了孔子不切实际的想法,但孔子口服心服,仍然盛赞老子“犹龙”。这是一位文化巨人对另一位文化巨人、大智慧者的礼赞,并非空穴来风,而是“心有灵犀一点通”之赞。一个奇特的、令人注目的文化现象是,老子身后却声名日隆,无论贵有天下的皇帝,还是崇拜他、研究他的学者,抑或平民百姓,都知道老子,不少外国人,更是不远万里来周口鹿邑拜谒老子。这种文化现象令人感慨万千。在自自然然中不事张扬,在不经雕琢中显示伟大,正是老子的伟大之处。

老子《道德经》的经历,显得更为奇特,它似乎是逐渐露出自己的真实面目,不断给人以惊喜,不断提供更新的研究资料。20世纪下半叶,每隔20年,在考古发掘上就有一个惊人的发现,伴随这个惊人发现,人们对老子和老子思想的研究被大大推进,人们对老子思想、道家学说的认识提高到一个新水平。1973年,随着湖南长沙马王堆汉墓的发掘,帛书《老子》问世,人们惊奇地发现,与传世本《道德经》道经在上、德经在下迥然不同,帛书《老子》乃德经在上、道经在下,且分甲、乙两本,并有一些文字上的差异。1993年,随着湖北荆门郭店楚墓的发掘,楚简《老子》问世,人们更为惊奇地发现,与传世本《道德经》和帛书《老子》更为迥异的是,楚简《老子》作为一个基本完整的手抄本,注意,这里说“基本完整”,是因为也有学者认为楚简《老子》是一个节选本,或因墓被盗过,已经不太完整了。但一个最基本的事实是,它出自战国楚墓,老子是春秋末期人,楚墓中的典籍自然最接近老子思想,即使已经不太完整,但其研究价值仍是巨大的,在老子和老子思想的研究史上,它的第一手资料的地位是毋庸置疑的。笔者也不否认,再过若干年,随着更新的考古发掘资料面世,人们对老子和老子思想的理解和把握将更加全面、准确,但此前,必须以最新的考古发掘资料为依据研究老子和老子思想。况且,海内外老学研究者不约而同地认定,湖北荆门郭店楚墓包括老子学说在内的诸种典籍的出土意义非凡,它像一座凝结了一个时代思想文化创新成果的精致图书馆,将导致重写中国先秦的学术思想史。郭店楚墓的出土资料显示,楚简《老子》并无明显的道经、德经之分,也没有洋洋五千言,而是按竹简的不同形制,分为4篇、34章,共1600多字。这一发现在中外老学界引起的轰动是不难想见的,带来的疑问也是诸多的。于是,注家峰起,读者如潮,很快形成研究热潮,且一浪高过一浪,经久不息。综观诸多研究成果,尽管各说兼具,论点纷呈,但有一点是共同的,即中外老学研究者都认为楚简《老子》约成书于春秋末期,作者是老聃无疑,该书的内容最接近老子思想原貌。

综观楚简《老子》、帛书《老子》和通行本《道德经》,老子思想博大精深,立意高远,他所阐释的人道、治道、天道及道德价值观,正超越时空,产生广泛而又深远的影响。无论是楚简《老子》,还是帛书《老子》,抑或是通行本《道德经》,均贯穿着鲜明的道德价值取向。

一是人道守中的道德价值取向。通过道德修身养成持守度的养生之道和处世之道。“守中”便是守虚、守静,便是后人发挥的中正平和之道和中庸之道,而中庸并非浅薄之人视为的“和稀泥”,而是追求养生与处世的适度。适度了,便能身康体健,延年益寿;适度了,便能协调好关系,调动方方面面的积极性,形成人际关系的一团和气,而和气便能致祥,祥和之象便是人道守中的必然结果。

二是治道无为的道德价值取向。通过“无为”而达于“无不为”,进入“无为而治”的理想治理境界。老子所说的“无为”是“恒无为”,他所提供的如何才能“恒无为”的答案,形成了系统而又完整的治国之道,并经他的学生孔子及孔门弟子的发挥,具化为“君君、臣臣、父父、子子”“修身、齐家、治国、平天下”“仁、义、礼、智、信”等封建伦理纲常,成为宗法制社会的思想基础,为历代统治者所奉行。当然,孔子的这种具化与老子的本意有不尽相合之处,故而才有儒、道之分,才有后来有人所论定的儒、道异途甚至思想相抵牾。

三是天道自然的道德价值取向。通过与自然界的和谐相处,实现天人合一、生态平衡的可持续发展。老子独具慧眼,独有心得,提出了“道法自然”的著名命题,开了中国古代生态智慧的先河。道是世界万有的本体和本源,是化生世间万物的原动力,是内在于大化宇宙、人类社会中的客观规律,是超经验的、形而上的实存体。这种客观规律不违逆、不妄作,实实在在地遵从大化宇宙、人类社会本来的样子,并在这种对日月经天、江河行地、世道变迁的遵从中充实自身,提高自身,“苟日新,日日新,又日新”,发挥着不以人的主观意志为转移的重要作用。故而老子明确指出:“人法地,地法天,天法道,道法自然。”(《道德经》第二十五章)说到底,人身为万物之灵,来自万物,又必须效法万物,与万物和谐相处,并最终归化于万物之中。唯其如此,才能实现自然界、人类社会的接续发展,才合乎大化宇宙自然演化的“天道”。

老子是中国古代思想史上第一个主张“以人为本”的思想家,《道德经》全书未明言“人性”,但字里行间处处张扬着“人性”。老子是从考虑人的生存状态、未来发展入手构筑他的理念框架的。他的思想的穿透力和深邃性在《道德经》的思辨框架内得到完美体现,他以“人道”为出发点所阐释的“治道”“天道”,构成中国传统文化之源,深深地影响着中华民族思维方式的形成,至今仍不断启示着人们。

# 二

老子及其《道德经》一直带有浓郁的传奇色彩，这种传奇色彩，在老子思想、道家学说的产生发展史上，体现得更为突出。司马迁《史记》所记载的《道德经》的面世，便具有浓郁的传奇色彩。若不是尹喜崇拜老子，仰观天象，发现紫气自东而来，将有贵人降临，赶紧洒扫庭院，恭迎骑青牛蹒跚而至的老子；若不是尹喜盛情邀请老子在函谷关停留，将自己的学说写出来、传下去，就没有《道德经》，中华民族的思想史将会是另外一种写法，道家、道教更无从谈起，天下第一大姓李姓也不会对老子这位李姓大名人如此津津乐道。由于函谷关，由于关令尹喜，这一切都变得顺理成章了。令人惊奇的是，一生厌恶战争、反对征战，认为“兵者不祥之器也”的老子，竟然在作为世代军事要塞的天下第一关函谷关“言道德之意”，在那个兵戈时举、民不聊生的年代，这种巧合太耐人寻味了。

由于在任守藏室史时，老子就有对前代典籍的大量阅读和深入思考，也可能有在思考基础上的长篇著述，便在既有基础上加以概括提炼，取其精华，开始一字一句地写作。如果没有尹喜的执意挽留，也许人们至今也不会知道，2500 多年前，当荒蛮笼罩大地时，古老的东方已经出现了老子这样一位为人类文明带来曙光的大圣哲。如果没有尹喜的真诚恳求，也许老子的主张和观点就变成一片片洒落在民间的智慧，经过千百年的历史冲刷，早已荡然无存。正是在尹喜的一再恳求下，老子暂且停下了西行的脚步。面对天上而来的黄河之水，他感受到一种不以人的意志而改变的力量，一种无处不在的力量。面对日月经天、江河行地，他静静地思索着这种力量和人的关系，他把这种力量叫作“道”，人只能顺应而不能改变它，这些思想由原来的鸿篇巨制渐渐浓缩成一部 5000 多字的哲理诗。从此，道家思想就随着这五千言的诞生，走出了深山峡谷，流向了大江南北,形成了铸就华夏文化金字塔的重要基石。今天,更成为能够被不同国度、不同民族、不同肤色、不同语言的人们所普遍接受的普适文化。汉代的文帝、景帝时,人们就把这五千言叫作《道德经》了。

同时,由老子出关而引发出的“紫气东来”,已然成了中国文化中的一个基因。帝王之家将紫气当作吉祥、祥瑞,孩子降生时如果紫气盈室,人们认为这孩子必定有大出息;百姓之家也视紫气为吉祥的象征,常常把“紫气东来”做成匾额高悬在大门上方;人们还认为,哪个地方有宝物,哪个地方的上空一定会盈满紫气。更为有趣的是,老子出关所骑坐的青牛也成了道教文化中的一个著名意象,青牛后来成了神仙道士的坐骑。再到后来,青牛俨然成了老子的代名词,老子又被称为“青牛师”“青牛翁”等。直到如今,函谷关一带的民间还流传着老子用牛黄为当地百姓治疗疾病、战胜瘟疫的故事。而老子在函谷关应关令尹喜之请所著的《道德经》,作为老子留存于世的人类文明发展史上唯一一部原创性作品,诠释了对大化流行、茫茫自然、人类社会和人自身的深刻体认,为人们提供了透视宇宙、观察社会、思考人生的独特视角。

《道德经》以“道”解释宇宙万物的演变,认为“道生一,一生二,二生三,三生万物”(《道德经》第四十二章),“道”乃“夫莫之命而常自然”(《道德经》第五十一章),因而“人法地,地法天,天法道,道法自然”(《道德经》第二十五章),道是天下万有的本体、本源,又是客观自然规律,具有“独立不改,周行而不殆”(《道德经》第二十五章)的永恒意义。《道德经》中包含大量的朴素辩证法观点,认为一切事物均具有正反两面,“反者道之动”(《道德经》第四十章),并能由对立而转化,“正复为奇,善复为妖”,“祸兮福之所倚,福兮祸之所伏”(《道德经》第五十八章)。又以为世间事物均为“有”与“无”的统一,“有无相生”(《道德经》第二章),而以“无”为基础,“天下万物生于有,有生于无”(《道德经》第四十章)。

老子以“道”“德”理念为主线,放眼宇内,神游八荒,构筑起空前绝后的思辨大厦,形成了不同凡响的思想体系——天道自然、治道无为、人道守中,在公元前6世纪那片灿烂的思想文化星空上放射出耀眼的光芒。因为,正是由于春秋时期社会生产方式的急剧变化,由于新的经济因素的出现,才导致了社会矛盾日益复杂和激化,导致了思想学术繁荣局面的形成,开启了一个中国文化走向自觉的时代。正是在这样一个时代天幕下,老子通过自己的道德价值观,力图辩证地揭示万物存在和发展的原因,在宇宙观方面进行了艰苦卓绝的求索,形成了独树一帜的道德价值取向。

对于自己所发现的道,老子情有独钟,自豪地宣称道是“玄之又玄”的“众妙之门”(《道德经》第一章)。他执着地要求人们遵循道的固有轨迹去生活,无知,无识,无欲,为建立“甘其食,美其服,安其居,乐其俗”(《道德经》第八十章)的理想社会而“为无为”,而“法自然”。他在通往“众妙之门”的道路上几乎跋涉了整整一生。而这一切,只是为了学道、悟道、体道、行道,只是为了表达并实现对大化流行、茫茫自然、人类社会、人自身的终极关怀。

2000多年来,老子的思想不仅影响和启迪着一代又一代中国人,而且也被越来越多的西方人所接受,老子的著作和思想早已成为世界历史文化遗产中的宝贵财富。欧洲在18世纪初就开始对《道德经》的研究。法国伟大的思想家狄德罗对《道德经》五千言十分推崇,认为在《道德经》以前,中国哲学还是道德性的,而《道德经》使中国哲学开始具有思辨的意义。德国哲学家黑格尔说:“中国哲学中另有一个特异的宗派,是以思辨作为它的特性。这派的主要概念是‘道’,这就是理性。这派哲学及与哲学密切联系的生活方式的发挥者是老子。”尼采曾说:老子《道德经》“像一个永不枯竭的井泉,满载宝藏,放下汲桶,唾手可得”。20世纪初,德国人利温奇在《十八世纪中国与欧洲文化的接触》一书的“导论”中也提出,进入20世纪后,老子在欧洲被视为一位伟大的先觉人物,《道德经》变为当今一代人沟通东西的桥梁。德国著名哲学家海德格尔精心阐释的“存在”,便深受老子道论启发。

精神世界的发展、演变,同物质世界的演变过程一样,永远没有终点。

《道德经》作为中华民族思想发展史乃至人类文明发展史上里程碑式的著作，的确是老子在深刻地观察、认真地剖析了大化流行、茫茫自然、人类社会、人自身的主要现象之后，经过高度凝练而形成的哲学思想体系。千百年来，它始终影响着人们的生活方式、思维方式，已经成为“百姓日用而不知”的最高文化精神。《道德经》概括和总结了老子的心路历程，它像一颗闪闪发光的天体，在文化星空的嬗变中运行旋转，至今仍未停息。笔者坚信，它的嬗变和运行旋转永远不会停息，老子和他的《道德经》将臻于永恒！

公元前489年，写完《道德经》后，在尹喜的陪伴下，老子出函谷关，去往秦国。出于一位大智慧者的淳厚实在，出于对生养自己的故乡苦县的深深眷恋，出于对普天下芸芸众生的高度负责，更出于引导华夏民族走出一条求生存、谋发展道路的殷殷期盼，老子留下了震古烁今的《道德经》。《道德经》看似平平常常的五千言，实则是老子这位“被褐怀玉”的圣人奉献给故乡人、天下人的一颗滚烫的赤子之心。从这个意义上说，老子出关，是一场庄严的远行；老子出关，是一次豪迈的宣言；老子出关，是中华民族精神文化史上划时代的一页。从此，中华民族的思维方式、行为方式有了依托，这个东方泱泱大国铸就了自己的精神支柱。

自老子以降，中华民族不断产生着思想巨人、政治巨人、文化巨人，奉献给世界一个又一个思想巨子、政治巨子、文化巨子。孔子、庄子、墨子、韩非子等诸子百家，哪一个都称得上思想巨人。他们的思想和学说，都能够从老子那里找到渊源。秦皇、汉武、唐宗、宋祖、成吉思汗、康熙、乾隆，这些大政治家所崇奉的治国之道、所标榜的修身之道中，无不带有老子思想深深的烙印。屈原、李白、杜甫、白居易、辛弃疾、李清照、陆游、关汉卿、马致远、曹雪芹、罗贯中、施耐庵、吴敬梓、鲁迅、郭沫若、茅盾、巴金、老舍、曹禺……真正是“江山代有才人出，各领风骚数百年”。老子，他所拥有的一切——人格、学识、言行、精神和理想等，经过漫长岁月的浸润，已经渗透到中国人的血液中，成为中华民族所共同拥有的文化基因。中国和中国人之所以有别于世界其他国家和民族，就在于有了老子和老子道德价值观意义上的道文化精神。

老子在《道德经》中所开启的宏大远博的高起点，使得中华民族具有独特的世界观和方法论：立足全局，虑事长远，视野辽阔；《道德经》所蕴含的厚重的思想内涵，使得中华民族崇尚自然，谦下贵柔，具有海纳百川的宽广胸襟；《道德经》所张扬的天道自然、治道无为、人道守中的道德价值取向，以不同凡响的思想的力量，促成中华民族精神的最终形成，并随着时代发展而呈现出与时俱进的特色。正因如此，千百年来，世界上曾经辉煌过的民族和文明皆如昙花一现，很快由顶峰而至谷底，走向了衰落。唯独中华民族，历经世事沧桑，或外敌入侵，或内部纷争，或割据而治，最终未被强敌压倒，也未长久地分裂割据，仍走上了分久必合之路，维持了大一统的局面。即使发展到 1840 年鸦片战争后将要亡国灭种的最黑暗的时期，仍能在世纪伟人孙中山、毛泽东的带领下，推翻帝制，建立民国，推翻三座大山，建立新中国。这种绝处逢生之举，也只有在中国这样的国度能够完成。

《道德经》是老子给中华民族留下的一笔宝贵的、取之不尽、用之不竭的精神财富，这笔精神财富，随着时代的发展、社会的进步，愈显示出其经久不息、永世长存的旺盛的生命力。或许是《道德经》第一位读者的缘故，函谷关的关令尹喜被老子博大精深的思想和朗朗上口的表达所吸引；或许是慧眼独具，认识到了老子崇高人格力量所具有的穿透力和《道德经》所倡导道德价值观跨越时空的影响力，尹喜心中充满了拜读到盖世之作的欣喜与激动，洋溢着追随这位智慧老人，陪伴他、侍奉他、与他一起弘扬天下大道的壮志豪情。于是乎，尹喜毅然决然地辞去函谷关关令职务，告别与他朝夕相处的士卒兵丁、关里百姓，与老子一道，踏上了去往秦国的路。

# 三

思想的流动同空气的流动一样，没有什么国境线能够阻碍它们。《道德经》一经问世，便注家峰起，不绝如缕。春秋战国时期，《道德经》就成为贵族子弟的必读书。元代道教学者张与坚曾经讲“道德八十一章，注者三千余家”。迄今，《道德经》的注本已达7000余家，关于老子其人、老子思想、道家思想、道教文化的研究论文3万余篇。

在中国传统文化发展史上，积2000多年的无数个时日，代代有人对老子及其著作进行研究、注释，代代均有心得问世，已属罕见。而老子及其著作先是在中国的古代、近代、现代、当代有影响，在近几百年间，更超越时空，及于域外，以至于在东南亚、欧洲乃至世界上掀起了一场老子文化热。据统计，截止到2021年年底，世界上译介《道德经》的语言已经近百种，翻译到不同国家和地区的《道德经》注释本已有2000余种。研老注老之风从古迄今，从中国到世界，延续了2000余年，今后还会延续下去。由此可见老子其人的伟大和老子思想的渊博与厚重。

老子学说问世后，立即引起与他同时或稍后的学者的注意。最早对老子研究颇有心得和见地的便是韩非子。韩非以才高而名世，他是法家的代表人物和法家思想的集大成者。清人王先谦说“韩非处弱韩危急之时，以宗属疏远，不得进用。目击游说纵横之徒，颠倒人主以取利，而奸猾贼民，恣为暴乱，莫可救止，因痛嫉夫操国柄者，不能伸其自有之权力，斩割禁断，肃朝野而谋治安。其身与国为体，又烛弊深切，无繇见之行事，为书以著明之。故其情迫，其言阂，不与战国文学诸子等”（王先谦的《韩非子集解·序》）。这段评价韩非的文字甚为恰当，它透露出了如下信息：一是韩非才高于世，但不为所用，即人们常说的怀才不遇；二是韩非与其他诸子一样，生长于连年混战、民不聊生的战国时代，对当世国君、大臣们的所作所为，对游说奸猾之徒的摇唇鼓舌而误国心存不满；三是韩非想为世所用，为治国平天下出一份力。正因为如此，韩非对老子的学说情有独钟，专门作《解老》《喻老》而名世。这是迄今所能见到的最早的评说老子著作的文字，开研老注老之先河。且韩非在老学研究上的诸多真知灼见，一直影响到现在。

说起来很有意思，韩非是荀子的大弟子，又对老子思想颇有心得，还对法家、名家思想深有钻研，这便注定使之成为刑名法术之学的集大成者。综合儒、道、法三家学说，韩非著书10余万言，有人把他的书传至秦国，秦始皇看了赞叹不已，说："嗟乎！寡人得见此人与之游，死不恨矣。"秦国因此发兵攻打韩国求韩非，韩非遂使秦。但韩非的同窗李斯嫉贤妒能，下药毒死了韩非。可见，韩非乃一大悲剧性人物。韩非虽死，但他的著作在，他的学说为一统的封建君主提供了统治国家的理论基础。故司马迁评价韩非"喜刑名法术之学，其归本于黄老"。在《史记》编撰中，太史公将韩非与老子编在一起，设《老庄申韩列传》，所表达的也是韩非深得老学真传之意。

继承韩非《解老》《喻老》风气，西汉时的河上公和三国魏时的王弼对老子其人其书的研究影响深远。如果说韩非在老学研究上有开风气之先之功的话，那么，河上公、王弼二人则有规范研老，并颇多独见之功。相传河上公是西汉时的著名道家，他活得甚是潇洒，一是无名无姓，在河边结草为庐，亦即搭个茅草庵，靠自食其力生活。因长年居于河边，与滔滔滚滚的大河生活在一起，因此被人称作河上公，司马迁则称之为"河上丈人"。二是不羡名利、不慕富贵、不恋高位。他生活在汉文帝时代，因汉文帝推崇道家，常派人来他的茅草庵请教《老子》的含义，并想让他出山为官，凭着这些，若想进身易如反掌，而河上公未想也未做。在潇洒的外表下，河上公对老子及其思想崇拜有加，他精研老子学说，亲作《老子章句》二卷。对此，史籍多有记载。《隋志》："老子《道德经》二卷，周柱下史李耳撰，汉文帝时河上公注。"《旧唐志》："《老子》二卷，河上公注。"《新唐志》:“《老子道德经》二卷,河上公注。”《宋志》:“河上公《老子道德经注》一卷。”《释文·叙录》:“《河上公章句》四卷。”可见,河上公作《老子章句》二卷史有记载,实有其事,不是唐刘知几认定的为后人伪托。值得指出的是,将《老子》分为上下两篇、八十一章亦始自河上公,并一直沿用至今。这也是河上公规整老子著作体例,对老学研究的一大贡献。至于河上公的详细生平,后人知道的并不比司马迁多。司马迁说“乐臣公学黄帝、老子,其本师号曰河上丈人,不知其所出。河上丈人教安期生,安期生教毛翕公,毛翕公教乐瑕公,乐瑕公教乐臣公,乐臣公教盖公,盖公教于齐高密、胶西,为曹相国师”(司马迁《史记·乐毅列传》)。

王弼是三国魏时的文学家,他祖籍今河南焦作。此人年轻时便好谈儒道之学,并享有较高的名望。他辞才逸辩,与何晏、夏侯玄等人同开文学清谈风气,亦即几位知己好友,清茶一盏,薄酒一杯,谈天说地,议论时政,颇有指点江山、挥斥方遒的味道。其清谈大多围绕儒道之学展开,尤以老子思想、道家观点为最。认为:“道者‘无’之称也,天地虽大,寂然至无,是其本矣。”“无”是宇宙万物的本性,“万物皆由道而生”。强调“贵无”而“贱有”,并从本末、体用、动静等关系上来论证以无为本,从认识上提出“得意在忘象,得象在忘言”的思想。以“凡有皆始于无”,肯定名教(有)出于自然(无)。从王弼所阐述的主要观点不难看出,他的确深得老子学说之真谛,并在一定范围和一定意义上做了不同程度的发挥。王弼雅好清谈的另一个特点便是用“援老入儒”的方式,为封建伦理纲常辩护,即以新的玄学代替当时逐渐失势的汉儒经学。其《周易注》《周易略例》《周易大演论》偏重哲理,扫除汉代经学烦琐之风。对于老子,王弼作有《老子注》二卷、《老子略论》一卷、《老子指便略》二卷。其中《老子注》二卷存,其他两种佚。王弼注老独有风格,钱锺书评之曰“王弼注本《老子》词气畅舒,文理最胜,行世亦最广”,并坦言“余初读《老子》即受王弼注本,龚自珍有《三别好》诗,其意则窃取之矣,亦曰从吾所好尔”。(钱锺书《管锥编·老子王弼注》,中华书局1986年第2版,第401—403页)。

考河上公和王弼对老子思想的研究，由于其人生经历、生活环境、结交对象迥然有别，故其研老注老的风格也大异其趣。河上公隐居江湖，潜心修道，他的注不拘一格，洒脱超然，平易直白，尽量把老子玄之又玄的东西大众化、通俗化。而王弼则讲究义理、对应、文雅，以玄学家的身份研老注老，自然更加玄之又玄，文人气、学术味十足了。故影响所及，河上公开民间通俗研老注老之风气，后人直评河上公注为民间注本。王弼开文人研老注老之风气，后世以学术研究为使命的文人学者在研老注老时，多选王弼注本为底本，因为，这更合文人口味和思维习惯。

河上公、王弼以降，注老研老渐成风气。纵向观之，几乎历史上历朝历代的名人名家，均对老子及其思想产生浓厚兴趣，并悉心研究。在灿若星辰的研老注老队伍中，除文人学者外，也不乏政治家的身影，最为突出的便是御注《道德经》了。贵为天子而研老注老，以其君临天下，身登大宝的视角，自有对《道德经》解读的心得和对老子思想独具政治价值的领悟。历史上究竟有多少帝王认真研读过《道德经》难以确切计数，但在认真研读之余，亲自为《道德经》作注的，则有南北朝时期的北魏孝文帝元宏、梁武帝萧衍、梁简文帝萧纲、梁元帝萧绎和唐玄宗李隆基、宋徽宗赵佶、明太祖朱元璋、清世祖爱新觉罗·福临。

研老注老风气历2000余年，进入21世纪，由于人类所面临共同的与自然界和谐相处，实现经济社会全面协调可持续发展，弘扬和平、发展、公平、正义、民主、自由的全人类共同价值，构建人类命运共同体的崭新课题，不同国家的有识之士不约而同地把目光投向了世界的东方，投向了老子，投向了老子的五千言《道德经》。继承古人优良传统，在当今时代深入研老注老，深刻把握老子思想中所蕴涵的道德价值观及基本的价值取向，便成为当代学人和政治家的共同追求。其基本标志是当今时代的政治家、科学家、企业家、老学研究专家对老子其人、其书的认识更加全面、深刻，并带有鲜明的时代色彩。老子《道德经》正是在当代人的深入解读中，显示着思想的力量、独具的魅力、鲜明的借鉴价值和蓬勃的生命活力。

承接古今研老注老风习，以深入挖掘老子思想的时代价值和现代意义为指归，围绕81章《道德经》，对译、注释、新解，并引述名家品评，与读者一道走近老子其人，领略老学风采，倡管窥之见，抛引玉之砖，共同推进以老子文化为主干的中华优秀传统文化的创造性转化、创新性发展，为弘扬老子文化、传播老子思想、光大老学传统献智，为发展老子故里、构建美好社会、实现中国式现代化和中华民族伟大复兴尽力，便是作为老子文化守护人的笔者不揣浅陋，写作本书的初衷。并以此就教于方家，推进道行天下、德润中华和传承发展老子道德价值观，让老子思想造福全人类的宏大实践。

# 道 经

# 第　一　章

## 【原文】

道可道，非常道[1]；名可名，非常名[2]。无，名天地之始；有，名万物之母[3]。故常无，欲以观其妙；常有，欲以观其徼[4]。此两者，同出而异名，同谓之玄[5]。玄之又玄[6]，众妙之门[7]。

## 【对译】

道，可以言说出来的，就不是恒常的道；名，可以作为名称的，就不是恒常的名。无，是形成天地的本始；有，是创生万物的根源。所以常常从形成天地的本始中，用来观照道的奥妙；常常从创生万物的根源中，用来观照道的端倪。“无”和“有”是大道本体的两个方面，出自同一本源只是名称不同，“无”和“有”浑同合一叫作幽深奥妙的“玄”。幽深奥妙而又幽深奥妙，是大化流行中一切奥妙的总门径。

## 【注释】

(1)道可道，非常道：道，第一、三两个“道”字是名词，道路、道理之意。第二个“道”字是动词，言说之意。这一句的解释包括两层含义：其一是说道是不可言说的，可言说的不是“常道”；其二是说道有“可道”之道与“不可道”之道的分别，亦即“非常道”与“常道”的分别，“不可道”之道才是“常道”，它是似无实有的实存体与化生万有的原动力，具有特定哲学含义。又，汉代为避汉文帝刘恒讳，将“道可道，非恒道；名可名，非恒名”中的“恒”字改为“常”字，一字之改，含义有较大差别。郭店简本表述为“恒”，应依“恒道”“恒名”理解其义较为确切。传世本中凡“常”字多由“恒”字所改，依“恒”的含义理解更符合老子本意。

(2)名可名,非常名:名,第一、三两个“名”字为名词,名字、名称之意。第二个“名”字为动词,取名、命名之意。“非常名”之“名”专指“道”的名称。

(3)无,名天地之始;有,名万物之母:“无”是天地的本始,“有”是万物的根源。“无”“有”指“道”的一体两面,是老子表述大化流行所由来时提出的一对重要概念,这一对重要概念由老子首创,并在中国传统文化中产生深远影响。这两句的断句历来有两种:一为“无,名天地之始;有,名万物之母”;一为“无名,天地之始;有名,万物之母”。鉴于“无”和“有”是“道”的一体两面,是老子思想体系中几乎同于“道”的基本的重要概念,以前者断句为宜。

(4)故常无,欲以观其妙;常有,欲以观其徼:欲,欲求、探求。观,观照、显示。妙,微小、奥妙。徼,边际、端倪。意谓所以常体“无”,以观照“道”的奥妙,探求天地形成的本始状态;常体“有”,以观照“道”的端倪,了解万物创生的始源情景。

(5)此两者,同出而异名,同谓之玄:两者,指无与有、常无与常有。出,发生、显现。玄,幽昧深远。

(6)玄之又玄:幽昧深远而又幽昧深远。

(7)众妙之门:妙,奥妙、微妙。门,门户、门径,喻指所由发生的起点,万物生成变化的总源头,意谓一切奥妙的总门径,实际是指“道”。

**【新解】**

老子在《道德经》第一章开宗明义,提出“道”这样一个重要概念,并以“道”为主线,贯穿五千言始终,串起了璀璨夺目的思想的珍珠,表达了深邃的思想内涵。这一章着重说明“道”玄妙的特征,告诉人们怎样去认识与把握“道”。

《道德经》中,“道”字出现凡 74 次,从其本义上看,“道”有作为名词用的“道路”和作为动词用的“言说”两种含义。从引申意义上看,“道”

是老子经过高度概括和抽象所提出的一种概念或范畴。老子赋予其三层基本含义:第一层为本原意义上的道,指某种产生万物、开始万物的超验的、似无而实有的存在;第二层为法则意义上的道,指自然界、人类社会或人自身的内在秩序、必然性,具有客观法则、规律的意义;第三层为智慧意义上的道,指生活准则之道、人生境界之道和治国安民之道。

从老子的阐释不难看出,道具有鲜明特性。一是创生性。道是产生世界万物的最后根源,它既是天地万物存在的根源,也是一切存在的始源。二是运动性。世界万物源于道而最后又回归于道,道的运动是"周行而不殆""独立而不改"的。三是自然性。在生生不息的过程中创生万物的"道",在创生万物时遵循的原则是"法自然",亦即法尔如是,自然如此。

道体非常玄妙幽深,含义非常宽泛丰富,人们对道的探索认识需要由浅入深,由表及里,由此及彼,不可能一下子穷究其里。老子所说的"道可道,非常道",从某种意义上说,就包括这样一个过程。而"名可名,非常名"与"道可道,非常道"对应,意在说明"道"是表明客观现象、规律存在的,"名"则是指称"道"之"名",从某种意义上说,"名"是反映客观现象的思维形式,也就是概念,亦即"道"指实体,"名"指概念。老子认为,道尽管内涵丰富,特色纷呈,看似"非常名",不太容易把握,但实质上是"无"和"有"的一体两面,"无"是形成天地的本始,"有"是创生万物的根源,道就表现为"无"和"有"的相互生发、循环往复,并内在地规整着这种相互生发和循环往复。认识到这一点,就能够从形成天地的本始中,观照道的奥妙;从创生万物的根源中,观照道的端倪。因此,"无"和"有"是非常幽深玄妙的,能够在学道、悟道、体道中认识并把握"无"和"有"的生发运行规律,就能开启"众妙之门",认识并把握普遍存在的道了。

老子以道这一概念如"月印万川"般涵盖一切,涵化万有,取代了古代先民意念中"天"的位置,确属首创。老子之后,道经过诸子百家的借鉴、发挥和历朝历代的充实、提升,犹如春雨润物般地渐渐成为中华民族的最高文化精神，并与欧洲的逻各斯精神、阿拉伯的伊斯兰精神、印度的梵文化精神一样，成为化生和凝聚中华民族民族精神的核心价值定位与追求。从老子开始，中华民族之所以能够生生不息，历经千磨万击、分分合合，最终皆可绝处逢生，不断走向繁荣富强，原因无他，皆因“道”这一最高文化精神和由此所形成的道德价值观及道德价值取向所发挥的作用使然。

【名家品评】

每一文化区有它底中坚思想，每一中坚思想有它底最崇高的概念、最基本的原动力……中国思想中最崇高的概念似乎是道。所谓行道，修道、得道，都是以道为最终的目标……不道之道，各家所欲言而不能尽的道，国人对之油然而生景仰之心的道，万事万物之所不得不由，不得不依，不得不归的道才是中国思想中最崇高的概念，最基本的原动力。

——金岳霖

牛顿力学已被量子力学来代替，在量子力学中有条很基本很重要的定律叫“测不准定律”。……从哲学上说，“测不准定律”和中国老子所说“道可道，非常道，名可名，非常名”的意思，颇有符合之处。

——（美）李政道

# 第二章

【原文】

天下皆知美之为美，斯恶已；皆知善之为善，斯不善已(1)。有无相生(2)，难易相成(3)，长短相形(4)，高下相盈(5)，音声相和(6)，前后相随(7)。是以圣人处无为之事(8)，行不言之教(9)；万物作而不为始(10)，生而不有，为而不恃(11)，功成而弗居(12)。夫唯弗居，是以不去(13)。

【对译】

天下人都能辨别出美之所以为美,丑的观念也就产生了;都能辨别出善之所以为善,不善的观念也就产生了。有与无互相化生,难与易互相促成,长与短互相形成,高与下互相显现,音与声互相应和,先与后互相跟随。因此有道的人以无为的态度处理世事,实行不言的教化;万物兴起而不加干涉,生养万物而不占为己有,作育万物而不自恃己能,事业成就而不自恃有功。就是不自居有功,因此功业才不会丧失。

【注释】

(1)天下皆知美之为美,斯恶已;皆知善之为善,斯不善已:知,辨别、判断。恶,不美、丑。此二句由说明美与恶、善与不善的理念是相比较、相对立而言的,揭示出世间万事万物都处于既对立又统一的关系之中。老子的原意不在于说明美的东西变成丑,善的行为变成不善,而在于说明有了美的观念、善的观念,丑的观念、不善的观念也就同时产生。

(2)有无相生:生,显现、化生。意谓有与无互相生成。

(3)难易相成:成,确定、完成。意谓难与易互相促成。

(4)长短相形:形,比较。意谓长与短互相形成。

(5)高下相盈:盈,通“呈”,充满、显现。意谓高与下互相显现。

(6)音声相和(hè):和,相应、应和。意谓音与声互相应和。

(7)前后相随:随,连接、跟随。意谓前与后互相跟随。

(8)是以圣人处无为之事:圣人,老子心目中的理想人物,是为数不多的能够体认自然、拓展内在的生命世界,摒弃一切影响身心自由活动束缚的得道之人。无为,不搅扰、不恣意作为。意谓得道之人以无为的态度处理世事。

(9)行不言之教:言,号令。教,教化。实行不言的教化,意谓以身作则。

(10)万物作而不为始:作,兴起,引申为生长变化。始,主宰、干涉。万物兴起而不加干涉。

(11)为而不恃:为,成长。恃,依靠、依恃。意谓作育万物而不自恃己能。

(12)功成而弗居:居,守持。意谓事情做成功了,但却不自居其功、寻求报答。

(13)是以不去:去,离开,引申为损失、丧失。意谓所以他的功绩不会泯没。

【新解】

老子在这一章说明道具有对立统一的特性。道的普遍存在使得物不离道,道不离物;事不离道,道不离事。万事万物总是呈现出相反相成的关系,老子深刻揭示了这种相反相成、相互转化的辩证法。

在老子看来,人类社会的童年时期没有美丑、善恶之分,待到"天下皆知美之为美"和"善之为善"时,丑、恶就产生了。问题就出在"知"字上,由于"知","道"才可以说出来,"名"才可以叫出来。这样,"道"就不是永恒的"道","名"也不是永恒的"名"了。人类社会脱离了无名的世界,进入有名的世界后,看似进步,实为倒退。

老子从来自自然的有—无、难—易、长—短、高—下、音—声、前—后在相互对立中互相依赖、互相补充,又互相转化的重要启示中,教导人们观察自然界和人类社会不仅要看重正面,而且要看重反面,要从反的关系里面观察正面的深刻含义,进而以大道无私和自然无为的态度处理世事。实行不言的教化,生养万物而不占为己有,作育万物而不自恃己能,事业成就而不自恃有功。只有这样,才不会丧失本真,才能得到"不去"的结果,在自然而然、法尔如是的状态中成就一切。

由列举相反相成、相互转化的自然、社会现象,到落脚于揭示大道无欲无私本性,老子的辩证法思想在本章得到集中展现。同时,辩证法思想贯穿《道德经》始终,使五千精妙洋溢着浓郁的思辨色彩,这是老子析事明理的重要思想方法。

【名家品评】

道家具有一套复杂而微妙的概念……它是中国后来产生一切科学的基础。

——(英)李约瑟

中国哲学中另有一个特异的宗派……是以思辨作为它的特性。这派的主要概念是“道”,这就是理性。这派哲学及与哲学密切联系的生活方式的发挥者是老子。

——(德)黑格尔

# 第 三 章

【原文】

不尚贤(1),使民不争;不贵难得之货,使民不为盗(2);不见可欲,使民心不乱(3)。是以圣人之治,虚其心,实其腹,弱其志,强其骨(4)。常使民无知无欲(5)。使夫智者不敢为也(6)。为无为,则无不治(7)。

【对译】

不刻意推崇贤能,使百姓不起争心;不重视稀有珍贵的财货,使百姓不起盗心;不显现可以激起欲望的事物,使百姓的心思不被惑乱。因此有道的人治理国家,使人心胸开阔,使人生活安康,使人意志柔韧,使人体魄健强。使百姓没有伪诈的心智,没有争盗的欲念。使一些自作聪明的人不敢妄为。以顺任自然的态度处理事务,天下就没有不走向大治的。

**【注释】**

(1)不尚贤:尚,推崇。贤,有德有能的人,意谓不有意树立榜样,不刻意标榜先进。老子以“为无为”而治天下,主张不有意在社会上推崇贤能,以消解百姓的争名争位之心。

(2)不贵难得之货,使民不为盗:贵,重视。形容词意动用法,以……为贵。盗,以不正当的手段谋取。意谓不以珍稀的财货为贵,使百姓不起盗心。

(3)不见可欲,使民心不乱:见,同“现”,彰显,显示。可欲,多欲。乱,迷乱、迷惑。意谓不显露能够引起欲望的事物,使百姓不受迷惑,保持内心平静,返璞归真。

(4)虚其心,实其腹,弱其志,强其骨:虚,开阔。心,谋虑。“虚”与“实”“弱”“强”均为形容词使动用法,意为使……虚、使……实、使……弱、使……强。意谓使百姓心胸开阔,使百姓生活安康,使百姓意志柔韧,使百姓体魄健强。

(5)常使民无知无欲:知,同“智”,智巧、谋划。意谓使百姓既无智巧,又无欲念,没有伪诈的心智,没有争盗的欲念。

(6)使夫智者不敢为也:夫,指示代词,那些。智者,智巧伪诈之人。为,妄为。意谓使得那些智巧伪诈之人不敢轻举妄动。

(7)为无为,则无不治:以无为的方式去治理天下,那么天下就没有治理不好的。这里,“无为”是政治上的手段,“无不治”才是所要达到的政治目的。

**【新解】**

老子在这一章讲的是自然无为的应用,说明了为什么要实行“无为而治”和怎样才能做到“无为而治”。

老子认为,“使民不争”“使民不为盗”“使民心不乱”是天下太平的基本要求,也是理想的治理境界。达到这一境界,必须实行“圣人之治”,通过“虚其心,实其腹,弱其志,强其骨”的途径,“使民无知无欲,使夫智者不敢为也”。只有“为无为”,才能“无不治”。

在老子看来,现实社会中统治者刻意推崇贤能,巧取豪夺,物欲横流,是扰乱人心、造成社会动乱的根源。圣人治理天下,应该着重关注百姓的日常生活、饮食起居和身心健康,引导百姓不断削弱和减少各种偏执和欲望,使貌似聪明但实为智巧奸诈的人不敢造作妄为、施奸使巧。社会上少了奸诈和贪欲,百姓内心平静,不为外界灯红酒绿、纸醉金迷的生活所诱惑,返璞归真,安居乐业,自然就达到了“无为而治”。

有的论者认为,本章集中反映了老子的“愚民”思想,这种理解失之偏颇,其实,老子是为反对现实社会的物欲横流和道德沦丧,才极力主张消除奸诈智巧和贪婪私欲的。只有恢复淳朴的民风,国家才能大治,这是老子的社会政治理想。老子并非主张“愚民”政策,而是要求统治者通过施行“无为”之治,引导百姓进入反归于朴的境界,看似不争寡欲,不似所谓的文明社会的人们“聪明”,其实是一种摒弃了机巧、伪诈而进入更高层次的大聪明和安居乐业、精神富足。

值得指出的是,老子在本章首次提出关于“治道”的重要思想——“为无为,则无不治”。这一思想贯穿《道德经》始终,在相关章节还有论述,且多从君王角度立论,对君王做到何种程度才能达到“无为而治”的目的提出了一系列要求。

**【名家品评】**

老子的“无为”思想,也是从春秋时代的自然主义思潮来的。在春秋时,已有“无为”思想的萌芽,老子发展了这种思想,把“无为”思想作为他的政治理论的核心,这是和他的处世哲学相联系着的。他的处世哲学以退为进,以后为先,应用到政治上,就是“清净无为”。

——童书业

道家集古代思想大成,而《淮南王书》又集道家的大成。道家兼收并蓄,但其中心思想终是那自然无为而无不为的“道”。

——胡适

# 第 四 章

**【原文】**

道冲[1],而用之或不盈[2]。渊兮,似万物之宗[3];湛兮,似或存[4]。吾不知谁之子[5],象帝之先[6]。

**【对译】**

道是虚空的,但用起来却无穷无尽。深邃悠远啊,真像是万物的祖先;幽隐混沌啊,似无而又实有。我不知道它是从哪里产生的,好像在天帝之前就已经有了。

**【注释】**

(1)道冲:冲,冲虚,冲淡深远,有虚、空无之意。用冲来形容道空虚无形,是对道本质形态的描述。又,冲又有涌摇、交荡之意。在此,冲兼有此二义,即此处之虚非一无所有之空虚,而是充满涌摇、交荡之无物。

(2)用之或不盈:盈,满、达到极点。不盈,指无限,取之不尽、用之不竭的意思。

(3)渊兮,似万物之宗:渊,原指回旋之水,引申为深邃悠远。宗,归往、归向。这里是根本、主宰的意思。明确指出道具创生性,是大化流行、宇宙万物的主宰。

(4)湛兮,似或存:湛,隐没、消失。形容道的隐而未形。意谓道幽隐混沌,似无而又实有的样子。

(5)吾不知谁之子:谁之子,不知它从何处而来。意谓道的存在与否不以人的主观意志为转移,它无始无终,涵天覆地,既为大化流行之源,又与大化流行同在。

(6)象帝之先:帝,古人称宇宙的主宰者为帝。意谓道早于天帝而存在。

【新解】

老子在这一章对大道作了描写和说明,揭示出大道是宇宙的本源并有虚而不穷的特性。

"道"既然是一种客观存在,且居于"象帝之先"的地位,那么,上帝就不具备造物主的资格,天地万物生生不息、周流不已的原动力在道。老子否定了上帝的存在,肯定了道生万物的功用。在老子看来,道的显著特征无法言状,不可捉摸。道的本质属性是空虚寂然,无形无态。然而,它却生机盎然,无所不在,蕴含着无限的生命力、不竭的创造力,成为万事万物生长变化的总根源与原动力。

老子用他"诗化的语言"给"道"画像,形象地揭示出道为宇宙本原的本质。老子的论断意义重大,他彻底否定了上帝创造世界的传统观念,在历史上第一次明确地提出了"无神论"思想——"象帝之先"。这一论断是中国思想史上的一次革命性的飞跃,对后世的影响是巨大而又深远的。

应当指出的是,在传世本中,"渊兮,似万物之宗"后有"挫其锐,解其纷,和其光,同其尘"句,与第五十六章重复。前辈学者高亨、马叙伦、陈柱皆认为是错简或衍文所致,当代学者陈鼓应亦持此说,且在其《老子校定文》中删去了传世本本章中的这四句,笔者依此说。也有学者认为,这些疑问并无确凿证据,仅仅是合理的"揣度"而已,"相同的文字或句子在同一本古书中重复出现乃是颇为普遍的现象,有可能是用以强调"。(《黄朴民解读道德经》,岳麓书社 2011 年版,第 20 页)

【名家品评】

此章显示道家思想里面,“用”的重要性不下于“体”。在《老子》第十四、二十一章,对体有更详细的叙述;此处以及第十一、四十五章,则可以看出对“用”同样的注重。佛教某些宗派有毁弃现象的观点,在此是看不见的。

——陈荣捷

老子的功绩在于他要穷根究底,找出宇宙的总根本,这便是道。宇宙有了道就不再是散乱的无序的宇宙,而是系统的有序的宇宙,宇宙本来就是如此,只是一般人意识不到而老子意识到了。中国人寻根意识是强烈的,一个家庭寻根要从近祖寻到远祖,整个中华民族寻根要寻到炎帝黄帝。法家寻根要寻到君王,儒家和墨家寻根要寻到天命或天志,只有道家老子寻根一直寻到具有无限性和终极性的大道,从而使寻根得到了彻底解决。

——牟钟鉴

# 第五章

【原文】

天地不仁,以万物为刍狗(1);圣人不仁,以百姓为刍狗(2)。天地之间,其犹橐龠乎(3)?虚而不屈(4),动而愈出(5)。多言数穷(6),不如守中(7)。

【对译】

天地无所偏爱,任凭万物自然生长;有道的圣人无所偏爱,任凭百姓自己发展。天与地之间,岂不正像个风箱吗?愈虚空就愈不穷竭,愈运动风量就愈大。有意作为反而加速败亡,不如遵从自然法则持守虚静。

【注释】

(1)天地不仁,以万物为刍狗:天地,指大自然。不仁,不偏不倚、公正无私。刍狗,用草扎成的狗,古代用于祭祀,是应时的制作,用后即丢弃。意谓天地无所偏爱,听任万物自生自灭而不加干涉。

(2)以百姓为刍狗:意谓得道的圣人取法于天地之纯任自然,听任百姓自生自灭而不加干预。

(3)其犹橐(tuó)籥(yuè)乎:其,疑问代词,难道、不正是。犹,好像、恰好。橐,盛物的袋子。籥,一种管形乐器,这里指竹管。人们用皮革制成袋状,一端留有小孔,插入一个管状物,称之为“橐籥”,用作冶炼时的鼓风装置,即风箱。在先秦时常用,后来在民间也多有使用。意谓天地就像个大风箱。老子以风箱比喻自然的功能,说明虚、无、持守虚静的益处。

(4)虚而不屈:屈,竭尽、穷尽。意谓空虚但却不会穷尽。

(5)动而愈出:意谓愈是摇动橐籥,它产生的风量愈大。意谓人为的因素越多,结果必然适得其反。这里,老子仍然由“道冲,而用之或不盈”的特性说理,既然道体是虚空、虚静的,看似无,实为有,就要顺任自然,不假外力。

(6)多言数穷:多言,话多,喻有意作为,违反无为之道。数,通“速”,迅速。穷,竭、亡。意谓政令烦苛,必然加速败亡。

(7)不如守中:守中,持守虚静。意谓不如持守住天地间虚静的状态,亦即守着无形的道,遵守自然法则,清静虚空,无为自化。

【新解】

老子在这一章主要说明大道无情无欲的特性,指出人们应体认大道,顺任自然,施行无为政治。

通过“刍狗”和“橐籥”的恰切比喻,着重阐释了用虚守中以治国理世的思想。“天地”指宇宙自然,它秉承大道的无欲无为本性,对万物不动情欲,无所偏爱,任其自生自息;明智通达的圣人以大道之无欲无为为楷模,亦对万千生灵不动情欲,无所偏爱,任其自生自息。天地按照自身的规律运行,春夏秋冬,雨雪风霜,无爱无憎,无恩无怨,公平对待万物;圣人也按照天道的规律治国理世,顺应自然,清静无为,无爱无憎,无恩无怨,公平对待百姓。如此,则天道运行,空虚而永不衰竭,循环而永不止息。但现实社会中,不少统治者往往背道而驰,弃虚无之妙用而施实有之矫为,遂"多言数穷",发号施令,横征暴敛,穷兵黩武,表面上有所作为,实则是胡作非为。所以老子提出"不如守中",持守空虚玄静,使自己的身心与天道浑融一体,回到自然无为的天道规律上来,真正达于"无为而无不为"。

这里,老子是推天道以明人事,他所谓的"天地不仁",不是反对仁,而是强调一种自然状态,要求统治者在遵从规律、顺任自然的前提下施行无为政治。在老子看来,天地如果有恩爱之心,必然会按照自己的意志有为地向万物施加恩泽,按自己的好恶标准改变万物的状态,这表面上是仁,其实是违背自然天性的恶。故而天地的本质属性只能是"不仁",即让万物按自然法则自生自灭。同理,得道圣人在治国理世时的正确选择也只有一种:"不仁",即"以百姓为刍狗"。因为仁、义、孝、慈原本是人类的自然本质,无须提倡,它已经自然存在在那里,根本无须画蛇添足,再去树立孝、慈等美名有意识地加以提倡。如果刻意奖励倡导,必然会在利益的驱动下导致伪道德的出现和真道德的丧失。

总之,大化流行的固有法则是自然无为的,天地的本质属性是无须治国理世的统治者刻意提倡"仁",有意推行"仁治"的。唯有"不仁""守中",才能上合天道,下顺民意,收到理想的治理效果。

【名家品评】

自然是老子哲学的中心价值,自然法则是老子哲学的最高原则,君王的无为和无为而治是实现这种价值和原则的根本途径(这种认识的历史局限性姑且不论)。而自然的价值和原则完全实现之日,就是全社会实现和谐之时,因此全社会的和谐是老子哲学追求的最终目标,从这种意义上可以说老子哲学是和谐哲学。

——董京泉

他们(指老子和庄子——引者)论证说,脱离了自然界的人不可能是幸福的;而且人对自然界的抵抗力是小得可怜的。……另一方面,我们现在不得不担忧人类会不会沉没到科学文明这种人类自造的第二个自然界中去了。老子的“天地不仁,以万物为刍狗”的声明获得了新的和威胁性的意义,如果我们把“天地”看作包括第二自然界在内的自然界,并把“万物”看做包括人本身在内的话。

——(日)汤川秀树

# 第 六 章

**【原文】**

谷神不死(1),是谓玄牝(2)。玄牝之门,是谓天地根(3)。绵绵若存(4),用之不勤(5)。

**【对译】**

大道清虚空灵永不寂灭,叫作天地万物总产生的地方。缔造生命的那条通道,叫作天地万物的根柢。绵延不绝又不见形迹,它的作用永不衰竭。

**【注释】**

(1)谷神不死:谷,形容虚空。神,形容神妙莫测。谷神是老子对道的别称。不死,喻指变化无穷。意谓大道清虚空灵,永恒存在。

(2)是谓玄牝(pìn):牝,本义为动物中雌性的生殖器官,这里用来比喻万物生长的总根源。玄牝,微妙的母性,比喻天地万物总产生的地方。

(3)天地根:根,根源、始源。意谓天地的本源、自然的根元。

(4)绵绵若存:绵绵,连续不断、永续不绝。若存,若隐若现。意谓道的作用绵延不绝,生生不息。

(5)用之不勤:用,运行、运动。勤,尽、穷竭。意谓道的能量永不穷竭。

**【新解】**

老子在这一章着重述说大道无形产出的功能,揭示大道化生天地万物,给予其用之不尽养分的作用和它养育而不占有、给予而不自恃其功,只讲奉献、不论索取,自然展开的特性。

老子在《道德经》中借物喻理,用了大量的比喻。这一章中的“谷”“神”“玄牝”“玄牝之门”都是用来描述宇宙本根的比喻词。老子是借用“玄牝”来揭示道所蕴含的、为万物所依赖的、永无尽头的、永恒的化生功能。老子这里推重的是“道”或宇宙本根,而不是“谷”“神”“玄牝”本身。“谷”“神”“玄牝”在老子的思辨空间里,是作为最接近道体及其功能的象征符号而存在,并被老子拿过来说事析理的。从某种意义上可以说,它们构成了老子哲学产生的基础。

我们应该从直观性的角度看待老子围绕“道”的丰富内涵和基本特征,由构建严谨哲学思想体系出发而产生的自然、无为等雌柔观点的基础。老子从具体生活场景入手,看到山谷空旷虚寂的特点和雌性空虚、开放的特性,将山谷与雌性的比喻与万物之所从出联系起来,既是对雌性特点的关注,又以此说明“道”是“天地根”,具有化生、滋养宇宙万物的功能,这是老子哲学表达的一个重要特色,也被道家后学所传承。

《庄子·应帝王》所讲的中央帝混沌被南海之帝倏、北海之帝忽凿七窍而死,就以创世寓言的方式说明了不遵从自然规律必然带来恶果。而民间神话传说中的混沌死后生出盘古开天辟地，既是对“谷神不死，是谓玄牝”的形象解读，也是从直观性角度看待老子产生自然、无为等雌柔观点的范例。在庄子的这则精神意义上的创世寓言和民间神话传说中，中央之帝混沌表面看似乎是死了，但盘古从它肚子里产生出来并开辟出一片新天地，女娲又抟黄土造人，使混沌实现了由旧我向新我的超越。

老子生活在陈国苦县，对盘古、女娲的神话传说自然熟悉。他将盘古开天辟地、女娲抟土造人的意象融入自己的思辨世界里，经过提炼概括，用来阐明道的特征，便有了“谷神不死，是谓玄牝。玄牝之门，是谓天地根”的精辟论断。民间神话传说既打开了老子探索天地起源问题的思路，也是对“道”这一涵化万有、产生人类的玄妙母体的倾情赞美，是一首道生万物的颂歌。在学习《道德经》第六章时，与庄子创世寓言和流传千古的盘古开天辟地、女娲抟土造人的民间神话传说结合起来理解与体悟，是很有意思的。

同时，这一章中的“谷”“神”“玄牝”的比喻，既是说明形而上的“道”是宇宙万有的本体、本源和发展的原动力，是“天地根”，又是落到形而下的人类社会治理层面，为“无为”原则的提出作铺垫。老子从“谷”“神”“玄牝”这些直观性的比喻出发，强调国家的治理要坚持雌柔原则，只有这样，才能实现“无为而治”，实现人与自然、人与社会、人与人之间的和谐，建立生态平衡的自然秩序、和美和睦的社会秩序、以构建人类命运共同体为主调的国际秩序。

**【名家品评】**

《老子》书中的“道”比孔、墨的天道观的“道”是进步的；其所以是进步的，因为“道”在孔、墨那里是附有宗教性的，而“道”在《老子》书中是义理性的，有一定的自然规律性的。《老子》书中也出现“神”字，如“谷神不死”之类，后来朱子还把这一点肿胀起来，然而“神”在《老子》书中是泛神一类的概念，完全义理化了。

——侯外庐

按照老子的说法，要想达到使人意识到自己是精神的和神圣的，只有一条道路，他称之谓“道”，其中包括最高美德的概念。这种意识是依靠人人清楚的本性而获得的。所以老子的真髓也就是基督教教义的真髓。二者的实质都在于弃绝一切肉体的东西，表现那种构成人的生命基础的精神的、神圣的本源。

——(俄)列夫·托尔斯泰

# 第 七 章

## 【原文】

天长地久。天地所以能长且久者，以其不自生[(1)]，故能长生。是以圣人后其身而身先[(2)]，外其身而身存[(3)]。非以其无私邪？故能成其私[(4)]。

## 【对译】

天长远地永久，天地之所以能够长久存在，因为它不是为了自己而生存，而是与万物共荣共存，所以能长久生存。因此圣人自身甘居人后，反而能身居前位，将自身置之度外，反而能保全自身。不正是因为他无私无求吗？所以能够成就大得大私。

## 【注释】

(1)以其不自生：其，指天地。不自生，不为自己而生存。意谓天地运行与生长万物不是为了自己，而是顺应万物的自然天性任其生存。

(2)是以圣人后其身而身先：后，方位名词用作使动词，以……为后，把……放在后面。后其身，以其身为后。身，指自身。先，居前。意谓在意识上把自己放在后面，自身反而能够居前。

(3)外其身而身存：外，方位名词用作使动词，以……为外，把……放在外面,把……置之度外。外其身,把自身置之度外。存,保全。意谓将自己置之度外,结果自身反而能得到保全。

(4)成其私:成,成全、实现。私,私有、自私,在此指大得、大私。

**【新解】**

这一章说明天地无私的特性,及无私与私相反相成的关系。

老子由天地不自生,阐发了谦下处后思想,也是一种政治策略思想。在这里,"天地"既指天道,又指客观存在的大自然。自然界的一切事物,只需依照客观的发展规律自生自灭,不再需要有任何主宰者驾临于其上来加以指令安排。自然界也仅是按照自身的发展规律在生化发展,对万事万物没有任何好恶的感情存于其间,亦即天地"不自生",是无私无为的。正因为天地无私无为,不与物争,也不为物夺。正由于它"不自生",所以才能"长生",才能"天长地久"。表面上,"不自生"与"长生"是互相矛盾的,实际上,"不自生"与"长生"是密切相关的,如果自生就必然不长生。

天道如此,人道亦复如此。在治国理世过程中,要想"身先",必须"后其身";要想"身存",必须"外其身",这就是矛盾对立转化的辩证法。正是由于认识到了这个谦下处后的法则,老子才得出"以其无私邪?故能成其私"的结论。

这一"无私"反能"成其私"的思想是十分深刻的。老子明确地告诫世人,尤其是肩负治国理世重任的统治者,要效法天地亦即大道的"天长地久",生成万物而不自生,养育万物而不自利。天有长久之心,便有长久之事;不为自己生存,便有自己的长存。假如都能够像天地那样处处把自己摆在最后,那么自己反而能占先;把自己的生死置之度外,生命反而能得以保全;正是由于自己处处毫不自私,反而能达到"自私"亦即大得、大私的目的。

"无私"反能"成其私"的道理人人懂得,但把它提升到"天道"的层次来认识,从理性思辨的层面进行概括和阐述,老子确居首倡之功,其警世劝世功用是不可小视的。

**【名家品评】**

《老子》之书,其几乎可一言而蔽之。噫!崇本息末而已矣。观其所由,寻其所归,言不远宗,事不失主。文虽五千,贯之者一;义虽广瞻,众则同类。解其一言而蔽之,则无幽而不识。每事各为意,则虽辩而愈惑。

——(三国魏)王弼

"道"不仅创生万物,还继续以能量或能力的形式存在于每个现实物体之中。这种能力绝非是静止不动的。它变动不羁,深藏不露地推动事物遵循某一特定方式发生、发展——在某种程度上,这正体现了事物的本质。

——(美)韩禄伯

# 第　八　章

**【原文】**

上善若水[1]。水善利万物而不争[2],处众人之所恶,故几于道[3]。居善地[4],心善渊[5],与善仁,言善信[6],政善治[7],事善能[8],动善时[9],夫唯不争,故无尤[10]。

**【对译】**

最高的德行就像水一样。水善于滋润万物而不和万物相争,处于众人所厌恶的低洼之处,所以更接近于得道。居处以适合自己的处所为善,内心以深藏静默为善,待人以真诚相爱为善,说话以遵守信用为善,施政以精简处理为善,做事以发挥所长为善,行动以掌握时机为善。正因为有不争的美德,所以才不会有过失。

【注释】

(1)上善若水:上善,最高的美德、最好的品质。意谓最高的德行如同水一样。

(2)水善利万物而不争:利,益、有益。意谓水善于滋润万物而不和万物相争。

(3)几于道:几,接近、近于。意谓近于道,进入道的崇高境界。

(4)居善地:居,居处。善,意动用法,以……为善。地,在此指恰当的处所。意谓居处以适合自己的处所为善。道德高尚的人,能像水那样甘心处于卑下的地位。

(5)心善渊:心,心性、心境。渊,本指深水,此处作沉静讲。意谓思虑深邃宁静。

(6)言善信:言,诺言、承诺。信,信用、守信。意谓说话遵守信用。

(7)政善治:政,纯正清平。治,治理平和。意谓为政理事能像水一样有条有理。

(8)事善能:事,为、作。能,才能、长处。意谓处事能够发挥特长。

(9)动善时:时,适时、时机。意谓行动起来能像水那样善于把握时机,事半功倍。

(10)尤:过失、过错。

【新解】

老子在这一章用水的特性比喻具备最高美德的人亦即理想的治国理世者的行为,说水的同时也在说人。

水,柔静温和,滋养万物,从不争夺,甘于卑下,这正与天道吻合。具备最高美德的人像水一样为人处世,才能没有过错。所以,老子将谦下不争视为立身之本。老子所概括的水的“七善”特性,其实就是“无私”居后、谦下不争的品德,这是一种泽被万物、从不图报的崇高境界。理想的治国理世者应具备水一样的德性,乐于居"众人之所恶"的"不争"善地,诚实守信,造福万民。如此,则没有任何仇怨,就能够天下大治。

这种对水的德性的赞美,其实是一首"水之歌"。老子从三个方面说明了"几于道"的水德的表现:一是它善于利万物而不与万物争名争功,有默默奉献的精神。二是它甘于为下,处于人们所厌恶的低洼污秽之地而不自卑,尤为可贵。三是水性极柔,但却有坚韧不拔、持久不懈的精神,所谓"水滴石穿"。

无独有偶,与老子一样,孔子也善于观水,并以水德比拟古之"君子"的形象。《荀子·宥坐》记载孔子答弟子子贡问水的一段对话,可为参照:

孔子观于东流之水,子贡问于孔子曰:"君子之所以见大水必观焉者是何?"孔子曰:"夫水,大遍与诸生而无为也,似德。其流也埤下,裾拘必循其理,似义。其洸洸乎不淈尽,似道。若有决行之,其应佚若声响,其赴百仞之谷不惧,似勇。主量必平,似法。盈不求概,似正。淖约微达,似察。以出以入,以就鲜洁,似善化。其万折也必东,似志。是故君子见大水必观焉。"

孔子由观东流之水而引出的对水的德性的高度概括,与老子的"水之歌"有异曲同工之妙。两位历史文化巨人不约而同地以水为喻,说明上善的、具有最高德性与德行的人与世无争和普利万物万民的思维方式与行为方式。

**【名家品评】**

做人应该像老子所说的如水一般。没有障碍,它向前流去;遇到堤坝,停下来;堤坝出了缺口,再向前流去。容器是方的,它成方形;容器是圆的,它成圆形。因此它比一切都重要,比一切都强。

——(俄)列夫·托尔斯泰

"无为"正如水之所为:它缺乏意识不能有"行为",但其自然地流淌而不需任何人为的努力……其是“无为”的一个侧面，由于“道”也是基于水的意向，故“无为”亦是“道”的体现。

——（美）艾兰

# 第九章

## 【原文】

持而盈之，不如其已[1]；揣而锐之[2]，不可长保。金玉满堂，莫之能守[3]；富贵而骄，自遗其咎[4]。功遂身退[5]，天之道也[6]。

## 【对译】

握持到了满溢，不如及时停止；锤炼到了锐利，不能长久保持。金玉满屋满堂，无法长久守藏；富贵加上骄傲，自己招致祸患。成功了就退下来，才合乎自然规律。

## 【注释】

(1)持而盈之，不如其已：盈，满、达到极点。已，停止、终止。意谓什么都渴望拥有，事事追求圆满，不如及早停止。老子主张把握为人处世的度，适可而止，才能避免祸患。

(2)揣而锐之：揣借为锻，捶击。锐，使动用法，使……锐利。意谓捶击而使它锐利。

(3)金玉满堂，莫之能守：金玉，喻指政治权力与财富。莫之能守，莫能守之，此为否定句式中宾语前置。莫，否定副词，没有谁。之，指示代词，此指满堂的金玉。意谓金玉满堂满屋，却没有谁能守得住。

(4)富贵而骄，自遗其咎：骄，放纵、无节制。自遗，自取。咎，灾祸。意谓凭着富贵而志得意满，得意洋洋，实际是给自己留下了祸根。

(5)功遂身退：功遂，功业成就。身退，比喻敛藏锋芒。意谓功名成就而不自居，主动退让收敛而自保。

(6)天之道也：指自然的规律。

【新解】

老子在这一章通过揭示大道功成身退的特性，告诫世人要克制占有欲，不要追求“金玉满堂”，也不要羡慕“富贵而骄”，因为，凡此种种只会给自己和子孙后代留下祸害。

老子揭示出“盈”与“不盈”的辩证法，体现了物极必反的法则。为人处世不能过分、过头、过度，而应遵循“守中”原则、适度原则，尤其是功成名就之后，更应如此。这样，才合乎天道人心，才不会招致祸害。

老子之所以发出如此感慨，是有其深刻的社会政治原因的。春秋战国之际的社会大动荡、大变革，使旧有的社会秩序遭到彻底的颠覆，“高岸为谷，深谷为陵”。个人的命运在动荡的社会现实面前变得起伏跌宕、风云莫测，再也无法自我驾驭、自我掌握，这让老子深切地感受到“世事茫然难自料”的宿命。无奈之余，他希望通过以退为进、以屈为伸、以柔克刚的方式，去应对变幻莫测的世局，于被动之中争取主动。

老子的这种思想是极具借鉴价值的。天上月圆月缺，地上花开花谢，海中潮涨潮落，四季暑往寒来，无论自然还是社会，没有任何东西能够永远固定不变，就像天上找不到一轮凝固不变的满月，世间也不可能有永远处在生命巅峰的完人；就像登上山顶观看了壮丽的日出便要下山，人们在事业上饱览过人生的无限风光之后也要从功名的顶峰上走下来。功成身退，符合自然之道，是一种政治智慧，也是一种明智的人生抉择。从这个意义上说，“功遂身退”是一种积极的人生态度和崇高的生命境界，所以，老子称之为“天之道”。

【名家品评】

老子是有极大智慧的古代哲学家。他观察了自然方面天地以至万物变化的情状，他观察了社会方面历史的、政治的、人事的成与败，存与亡，祸与福。

——范文澜

凡是愿享名誉的人，必须及时从光荣中离去，学习如何在适当的时候离去。一个人在最富韵味的时候，应该知道如何防止自己被品尝尽，这是最希望长久被爱的人所知道的。

——(德)尼采

# 第　十　章

【原文】

载营魄抱一(1)，能无离乎？专气致柔(2)，能如婴儿乎(3)？涤除玄鉴(4)，能无疵乎？爱民治国，能无为乎？天门开阖(5)，能为雌乎(6)？明白四达(7)，能无知乎？

【对译】

守护灵魂与坚守大道，能够会不分离吗？结聚气息以追求柔顺，能保持婴儿的状态吗？涤除杂念而深入观照，能够没有瑕疵吗？爱护人民，治理国家，能够顺其自然而不有意作为吗？天赋的感官接触外物，能像雌性一样安静吗？通晓各种奥妙，能够不用心机智巧吗？

【注释】

(1)载营魄抱一：载，动词词头，无实义。营魄，魂魄、形气，这里指精神。抱一，合一。指魂和魄合而为一，“一”指“道”。意谓守护灵魂与坚守大道,追求精神与肉体的和谐合一。

(2)专气致柔:专气,集气、聚气。柔,柔顺。意谓聚合精气,归于柔顺。

(3)能如婴儿乎:能像婴儿那样精充气和吗?意谓婴儿赤诚无知,不受外界影响,故能血气娴静,嗜欲单纯,专聚精气,达至柔顺。

(4)涤除玄鉴:涤,清扫、排除。玄,深邃、微妙。鉴,镜子。玄鉴,喻人的心灵深邃微妙,清澈如镜,是一种排除心中杂念,深入静观的境界。这是老子体道悟道时的直觉思维方法,"玄鉴"实为"鉴玄",即去除杂念,静观大道。

(5)天门开阖:天门,人体天生的自然门户,指目、耳、口、鼻、心等,引申为自然变化之本源。开阖,感官的动作行为,指视、听、言、食、嗅、喜、怒、爱、憎等,引申为开启闭合,即动静、变化。意谓天地之间阴阳相推、变化无穷的自然现象。

(6)能为雌乎:为雌,守雌,指守静以应,比喻柔弱宁静。雌,雌性、母性,引申为退让、柔弱。知雄守雌,是老子重要的策略思想。

(7)明白四达:通晓各种道理。意谓明白事理,通晓奥妙。

**【新解】**

在这一章老子提出了六种情况、六条设问,看似阐述对人体生命结构的认识,其实是揭示个人修养与大道运行的关系,鼓励人们悟道、体道、修道,进入与大道和谐运行的境界。

在老子看来,守护灵魂与坚守大道必须紧密结合,不能分离。在此基础上,努力做到抱一无离,专气致柔,玄鉴无疵,治理无为,开阖无雌,明白无知。这是一种知雄守雌、退守谦让、自甘淡泊的人生态度,以此治国理世,便可自守其柔,无为而治。因此,老子所提出的六种情况、六条设问,是从个人修养身心入手,逐步至于爱民治国并最终达于"明白四达"的得道境界。这六种情况、六条设问,实际上是老子所提倡的一种"精神体操”,其功用在于通过不断的操练,有效抵御精神病毒的侵袭。

古往今来,侵袭人精神的病毒跟侵袭人身体的细菌病毒一样防不胜防,荣华势利使人坐卧不宁,花容月貌使人魂不守舍,美名盛誉使人忘乎所以,阿谀奉承使人黑白不分……对权势的热衷、对佳人的迷恋和对声名的追逐,好像得自精神上的“遗传”,人人都几乎是不学而会,不劝而行。只有通过做“营魄抱一”“涤除玄鉴”式的“精神体操”,才能清除种种精神病毒,抗拒种种外物诱惑,视尊位大权为赘疣,以美名隆誉为腐臭,哪管它贫富穷通,全不理荣辱得失,让心灵不着一物、不染一尘。这时候,人们岂止是灵肉和谐,岂止是形神相亲,真正是与天地同其流,随大化而永在了。

应当指出的是,传世本“能无知乎”句后尚有“生之畜之,生而不有,为而不恃,长而不宰,是谓‘玄德’”几句。陈鼓应认为“这几句重见于五十一章,疑为五十一章错简重出”(陈鼓应:《老子今注今译》,商务印书馆2003年版,第112页)。他的《老子校定文》第十章未收,今依此说。

**【名家品评】**

夫黄老之道,民主之国之所用也。故能“长而不宰”,“无为而无不为”。君主之国,未有能用黄老者也。汉之黄老,貌袭而取之耳。君主之利器,其惟儒术乎,而申韩有救败之用。

——严复

早在二千多年前,老子就已经预见到了今天人类文明的状况,甚至已经预见到了未来人类文明将达到的状况,或者这样说也许更正确:老子当时就发现了一种形势,这种形势虽然表面上完全不同于今天人类所面临的形势,但事实上二者却是很相似的。可能正是这个原因,他才写下了《道德经》这部奇特的书。不管怎样说,使人感到惊讶的总是,生活在科学文明发展以前某一时代,老子怎么会向从近代开始的科学文化提出那样严厉的指控。

——(日)汤川秀树

# 第十一章

【原文】

三十辐,共一毂[(1)],当其无,有车之用[(2)]。埏埴以为器[(3)],当其无,有器之用。凿户牖以为室[(4)],当其无,有室之用[(5)]。故有之以为利,无之以为用[(6)]。

【对译】

三十根辐条,共同凑集在一个轮毂上,有了轴心空虚之处,才有车辆的作用。糅合陶土做成器皿,有了中间空虚之处,才有器皿的作用。开凿门窗建造房屋,有了屋内空虚之处,才有房屋的作用。所以靠了“有”而成为便利,靠了“无”才发生作用。

【注释】

(1)三十辐,共一毂(gǔ):辐,车轮的辐条。毂,车轮中心的圆木,周围与车辐的一端相接,中有圆孔,可以插轴。意谓一只车轮有三十根辐条,它们都集中到车轮中心的车毂上。

(2)当其无,有车之用:无,虚空,此指车毂中间的空洞,它形式上似乎是“无”,但实际功能却是“有”。意谓有了车毂中空的地方,才有车的作用。

(3)埏埴(shān zhí)以为器:埏,糅合。埴,土。意谓糅合黏土制作陶器。

(4)凿户牖(yǒu)以为室:户,门。牖,窗。以为,建造、构筑。意谓开凿门窗，建造房屋。

(5)当其无，有室之用：正由于房屋空间虚空的存在，方可具有住人的功用。

(6)故有之以为利，无之以为用：意谓“有”所能给人们带来的各种便利，完全是依赖“无”(虚空)而存在并发挥其作用的。

【新解】

老子在这一章着重说明“无”的用处。“有”和“无”是对立的存在，它们是相互依存的关系，然而人们都看重实有，轻视虚无。老子针对这种不明大道的普遍表现，特别强调了虚无的重要性。

在老子看来，作为道的一体两面，“无”是道的本质、本源，所谓道之体，是第一性的，“有”生于“无”，是道之用。也就是说，“有”的功能和作用，完全依赖于“无”而得以存在和发挥，一旦离开了虚空，便没有所谓的实在。“有”与“无”互为前提，互为条件，相互补充，相互发挥，而以“无”为主导，彼此统一。道之体，无形无象；道之用，有象有形。

老子通过确凿真切的事例，把抽象的哲理变得形象生动、具体细致，从中亦可见老子哲理思辨的深刻性。在这里，老子借器物的“有”和“无”来说明其利和用。“有”与“无”相互发生，“利”和“用”相互彰显。老子是以利说有，以用说无，或者说是以有见利，以无见用。为什么要如此强调呢？因为体施于用，用显于利。无用，则体无所施；无利，则用无从显。用生于体，利由于用。无体，则用无所著；无用，则利无从生。唯其有生于无，故其利出于用。老子无、有兼论，用、利兼及，更看重并强调无的作用。

“无”“有”是老子在《道德经》中一以贯之的重要概念，“无”出现了82次，“有”出现了81次，两字的出现频率几乎相等，而关乎“无”“有”的精彩名言也令人难忘。由此折射出一个信息，老子喜欢“无”“有”一起谈，二者属于一对相反相成的概念。

“无”“有”之辨在中国传统文化乃至于人类文明发展史上，只有老子才阐释得最贴切、最清楚。他回答了大化流行和人类的思辨世界里关于“无”与“有”的许多不太容易解释清楚的问题,诸如“天道员员,各复其根”(郭沂:《郭店竹简与先秦学术思想》,上海教育出版社 2021 年版,第 55 页)、“有无相生”(《道德经》第二章)、“天下万物生于有,有生于无”(《道德经》第四十章)的系列论断,均在说明“无”与“有”相融相合,“无”乃包含有之无,“有”乃包含无之有。“无”并不是绝对的一无所有,而是指《易经》所说的乾坤演变刚刚开始,宇宙万物尚未形成的混沌无辨的状态。说老子的这一系列论断在中国思想发展史和人类文明发展史上具有首倡之功,似不为过。

**【名家品评】**

建筑,作为一种社会现象,早在一两万年前或更早就已经出现了。当我们的老祖先开始使用石器的时候,盖房子的活动就已开始。一直到今天,只要有人定居的地方,就一定有房屋。盖房子是为了满足生产和生活的要求。为此,人们要求一些有掩蔽的适用的空间。二千五百年前老子就懂得这个道理:“当其无,有室之用。”这种内部空间是满足生产和生活要求的一种手段。

——梁思成

老子的“无”不是停留在描述性的“没有”的认识阶段。“无”并不是消极的存在,而是有它实际多样肯定性的涵义,有现实作用,有可以预测的后果,也经常用来对待日常生活、政治生活的一个原则。“无”的发现,为人类认识史开了新生面,的确非同寻常。

——任继愈

# 第十二章

【原文】

五色令人目盲(1);五音令人耳聋(2);五味令人口爽(3);驰骋田猎,令人心发狂(4);难得之货,令人行妨(5)。是以圣人为腹不为目(6),故去彼取此。

【对译】

五种颜色让人眼花缭乱;五种音调让人听觉失灵;五种滋味让人口不辨味;纵情奔马,田野打猎,让人内心狂乱;稀有的货物,让人行为不轨。因此有道的人只求饱腹而不求目眩,所以摒弃物欲的诱惑,重视内在的满足。

【注释】

(1)五色令人目盲:五色,青、赤、白、黑、黄,泛指多种颜色。目盲,比喻眼花缭乱。意谓缤纷的色彩使人眼花缭乱。

(2)五音令人耳聋:五音,宫、商、角(jué)、徵(zhǐ)、羽,泛指多种音乐。耳聋,比喻难辨声音。意谓动听的音乐使人耳朵变聋。

(3)五味令人口爽:五味,辛、酸、苦、咸、甘,泛指多种味道和精美的食品。爽,败坏。口爽,比喻不知滋味。意谓丰盛的食品使人胃口败坏。

(4)驰骋田猎,令人心发狂:驰骋,骑马奔驰。田猎,打猎。狂,放荡、恣意。意谓纵情狩猎使人身心疯狂,迷失自我,丧失本性。

(5)难得之货,令人行妨:妨,伤害。指行为败坏,去善为恶。意谓稀有珍贵的物品使人行为不轨。

(6)圣人为腹不为目:目,代称色、音、味、田猎、财货等诸多欲望和诱惑。意谓圣人只为温饱生存,不求纵情声色。

【新解】

这一章说明了物欲横流对人造成的危害。

老子敏锐地看到,进入文明时代,随着生产力的发展,社会提供了愈来愈多的生活资料,与此同时,声色犬马,金玉珠宝,也对人产生极大的感官刺激和心理诱惑。一些无道的统治者横征暴敛,穷奢极欲,纵情声色,道德沦丧,给社会、人类带来极大的危害。在老子看来,他们对诸如声色、财富、荣誉、权势的欲望无限膨胀,导致生活越来越奢侈糜烂,心灵越来越放纵驰荡,终至沉湎于各种物欲中不能自拔。

欲望和野心一旦漫无节制,美味、美声、美色可能都难合其胃口,财富、虚荣、权势可能都难使其满足,得到了马上就厌倦,享受后立刻就空虚。这又将诱发他们寻求更新更大的刺激,而所求总是多于所得。于是,嗜欲弄得五脏六腑骚动不宁,贪婪使得精神抑郁苦闷烦躁。因此,学道、悟道、体道的圣人生活单纯朴素,但求温饱而不追逐声色之娱,也就是老子所倡导的"为腹不为目"。

"腹"受而不取,纳而不留,易足而不贪;"目"则易迷于五色,看而不生厌,愈见愈不知足。"目"驰于外,"腹"止于内。"为腹"是以物养己,"为目"则是以己徇物;"为腹"是顺其天性,"为目"则伤于自然;"为腹"反求诸己,使精神内守而不外求,心灵因而恬淡宁静,"为目"则驰骛于外,使心神狂躁不宁,在物欲中丧失生命的真性。为了趣味纯正,为了精神幸福,为了心灵安宁,人们应戒除令人"目盲""耳聋""口爽"乃至"心发狂"的"五色""五音""五味"和"驰骋田猎",摒弃"令人行妨"的"难得之货",遵循大道原理,清正寡欲,返璞归真。

【名家品评】

老子揭示了周代文明的弊端:"五色令人目盲,五音令人耳聋,五味令人口爽,驰骋畋猎,令人心发狂,难得之货,令人行妨”……老子所指责的是周代的社会情况;假如老子看到现代社会的现象,将必更加惊叹了。但是,文明的繁盛,确实出现了许多流弊,今天读《老子》“五色令人目盲,五音令人耳聋”等辞句,确实也发人深省。老子主张“见素抱朴,少私寡欲”,虽然难以做到,仍值得人们注意。

——张岱年

眼前的《黄帝阴符经》和《老子道德经》,不但在几千年前就认识到人类可能面对的危机,而且提出了全面的对策。这两部书,不仅是古代人的大智大慧,更是现时代的人类救亡图存的大智大慧。没有这两部书,就没有对人类危机的全面科学认识。

——(美)张绪通

# 第十三章

**【原文】**

宠辱若惊(1),贵大患若身(2)。何谓宠辱若惊?宠为下(3),得之若惊,失之若惊(4),是谓宠辱若惊。何谓贵大患若身?吾所以有大患者,为吾有身,及吾无身,吾有何患(5)?故贵以身为天下,若可寄天下(6);爱以身为天下,若可托天下(7)。

**【对译】**

得宠和受辱同样惊恐,重视大祸患如同重视生命。什么叫得宠和受辱同样惊恐?得宠是卑下的,获得它时好像受到惊吓,失去它时也好像受到惊吓,这就叫得宠和受辱同样惊恐。什么叫重视大祸患如同重视身体?我之所以有大祸患,是因为我有超出自身生长自然需要的私利欲求,如果我没有超出自身生长自然需要的私利欲求,我还有什么祸患呢?所以能够以贵身的态度去治理天下，才可以把天下寄付给他；能够以爱身的态度去治理天下，才可以把天下委托给他。

【注释】

(1)宠辱若惊：宠，受宠、荣耀。辱，耻辱、屈辱。若，则、就。意谓人们好宠恶辱、爱慕虚荣、患得患失，以至达到惴惴不安、惊恐不宁的程度。

(2)贵大患若身：此句应是“贵身若大患”。贵，重视。患，祸患。若，如。身，身体，引申为自身利益、生命。意谓重视自身的利益就如同重视大患，意即不要过分看重自身的利益。

(3)宠为下：“下”相对“上”讲。“宠为下”乃针对人们认为“宠为上”而言。意谓过于看重荣耀是卑下的。老子认为，得宠于人，则不得不扭曲自己的人格，去迎合奉承，因而是不光彩的、卑下的。

(4)得之若惊，失之若惊：得到宠辱感到惊恐，失去宠辱也感到惊恐。

(5)吾所以有大患者，为吾有身，及吾无身，吾有何患：有身，指有超出自身生长自然需要的私利欲求。及，若、如果。无身，指在自然而然中满足自身成长必要的条件而别无所求。意谓我之所以有大祸患，是因为我有超出自身生长自然需要的私利欲求；如果我没有这种私利欲求，我还有什么祸患？

(6)故贵以身为天下，若可寄天下：若，如此。寄，寄托、托付。意谓能够以贵身的态度去治理天下，才可以把天下寄付给他。

(7)爱以身为天下，若可托天下：托，委托。意谓以爱身的态度去治理天下，才可以把天下委托给他。

【新解】

老子从贵身爱身的角度，揭示出修身贵命所应达到的宠辱不惊的境界，说明生命重于一切的道理。

在老子看来，一般人之所以宠辱若惊，是因为宠也好，辱也罢，都是因名利之类的身外之物而造成的，都会因此认为祸患临身。有此种想法是因为有私念、私利，无私念、私利就不会有此种想法。修身体道之人应该无私无欲，清静无为，知足知止。惟如此，才能保持自身的人格和自尊，并遵循自然规律和社会规律，承担起普济苍生、治理天下的重任。

老子的箴言对人类来说永远是一剂令人清醒、发人深思的良药。荣华富贵，始终是世人竞相追逐的目标；功名利禄，永远是世人朝思暮想的期盼。在巨大的诱惑面前，人总是很难把持住自己。于是，“宠辱若惊”，邀宠者既人格卑下又利欲熏心，他们在主子面前胁肩谄笑，投机取巧，出售人格尊严换来私欲的满足，以得宠为荣，以失宠为辱。“足将进而趑趄，口将言而嗫嚅”（韩愈《送李愿归盘谷序》）。于是，“贵大患若身”，把个人的利益、名声、地位、权势看得高于一切。利益小有损失，地位略有动摇，权势稍有削弱，便以为大祸临头，或勃然而起，或愤愤不平，或牢骚满腹，或绝望悲鸣。

由此不难见出，“宠辱若惊”与“宠辱不惊”具有本质区别。“宠辱若惊，贵大患若身”者必定以不光彩的行为求得“光彩”的名利，其为人自然奴颜婢膝；自私自利者以自我为中心，看不见也容不下个人之外的天地，其人格自然琐屑渺小。将天下托付给这类人，后果可想而知。宠辱不惊，以天下为公的人，既不想邀功请赏，又不想追名逐利，无求于人才能挺起脊梁，不看人眼色才能扬眉吐气；无私者以天下之名为名，以天下之利为利，以天下之苦乐为苦乐，其精神自然就宏放，其胸怀自然就博大。

可见，像关心自身冷暖那样关心人民的祸福，像珍惜自己生命那样关注民族的命运，这样无私、无欲和无我的人，定然会给国家、民族乃至人类带来幸福，天下人也大可放心地将国家、民族和天下托付给他。

**【名家品评】**

至于老子之道最高之处，第一看出常字，第二看出无字，第三发明无我之义，第四倡立无所得三字，为道德之极则。

——章太炎

中国的根柢全在道教……以此读史，有许多问题可以迎刃而解。

——鲁迅

在人类生存的任何地方，道家都是最早的一种哲学，它推断人类在获得文明的同时，已经打乱了自己与“终极实在”精神的和谐相处，从而损害了自己在宇宙中的地位。人类应该按照“终极实在”的精神生活、行为和存在。

——（英）阿诺德·汤因比

# 第十四章

**【原文】**

视之不见，名曰“夷”；听之不闻，名曰“希”；搏之不得，名曰“微”(1)。此三者不可致诘，故混而为一(2)。其上不皦(3)，其下不昧(4)。绳绳兮不可名(5)，复归于无物(6)。是谓无状之状，无物之象，是谓惚恍(7)。迎之不见其首，随之不见其后。执古之道，以御今之有(8)。能知古始(9)，是谓道纪(10)。

**【对译】**

看它却看不见，称它为无相的“夷”；听它却听不到，称它为无声的“希”；摸它却摸不着，称它为无形的“微”。这三方面都无法穷究底细，所以它们是浑然一体的。它外显的部分并不明亮，它隐含的部分也不晦暗。绵绵不绝啊无法为它定名，回归于空无一物。这是没有形状的形状，不见物体的形象，这是似存似无的惚恍。迎上去看不见它的源头，跟随着看不见它的后续。凭借早已存在的道，来驾驭现在的具体事物。能够了解宇宙的端始，这就叫作道的规律。

【注释】

(1)夷、希、微:夷,无色。希,无声。微,无形体。夷、希、微用来形容感官所不能把握的道。

(2)此三者不可致诘,故混而为一:三者,指夷、希、微。致诘,指盘问、推究、彻底划分。一,用来形容“道”的特性。第十章“载营魄抱一”,第二十二章“是以圣人抱一为天下式”,第四十二章“道生一”等所述的“一”,意思相同,即交融、一体。意谓夷、希、微三者不可计量或推究,它们是水乳交融、浑然一体的。

(3)其上不皦(jiǎo):皦,洁白、明亮。意谓它外显的部分不显得光亮。

(4)其下不昧:昧,阴暗、昏暗、模糊不清。意谓它隐含的部分也不昏暗。

(5)绳绳兮不可名:绳绳兮,渺渺茫茫,绵延不绝。意谓道体渺茫难辨,绵延不绝,无法加以命名。

(6)复归于无物:复归,还原。无物,不是一无所有,是指不具任何形象的实存体,即无形体。回归于空无一物,用这种不具任何形象的实存体代指道。意谓还原为不可触知、似无实有的道。

(7)是谓惚恍:惚恍,若有若无,闪烁不定。意谓这就叫作若有若无的惚恍。

(8)以御今之有:御,控制、驾驭、支配。有,指称具体的事物。意谓用来驾驭现在具体的事物。

(9)能知古始:古始,大化流行的原始状态或道的端始。意谓能够了解事物的本原。

(10)是谓道纪:道纪,道的纲纪、道的规律。意谓这就叫作道的规律。

【新解】

老子在这一章直接描写大道的本体，说明大道似无实有、完全不同于实在物的特性，并提出了体验大道的方法。

在老子看来，道是混沌一体、无边无际、不可名状、无形无象的，也是人们凭着感官知觉无法具体触及的，但它又似无实有，无处不在，并时时刻刻发挥着功用。人们只要守道、悟道、体道，掌握了古有之道的规律和法则，就可以认识宇宙的终始，并以这种对大道特性与规律的认识与把握，治理现实社会。

老子以富有个性的抽象玄远的语言，充分论证道作为物质与精神的统一实体不易感知、不易认识的基本特性，但同时又着重肯定了道对万事万物的主宰地位与指导意义，揭示了道广大无边的伟力、恍惚虚无的特征和微妙玄通的本质。老子以夷、希、微“三者”，描摹作为宇宙本体和始源的大道超越人类视觉、听觉与感觉的特征，而且“三者”浑融为“一”，空虚恍惚，无形无象，是“无状之状，无物之象”。

道体幽微精妙，如何才能把握它的规律呢？老子提出：“执古之道，以御今之有。”“古之道”，就是永恒普遍的自然大道；“今之有”，就是现实大千世界的万有实象。如果能根据永恒普遍的自然大道，统御、处置现实世界的万有实象，也就是认识、通晓大道的始源，这就叫“道纪”，亦即真正掌握了大道的规律。老子在这里所强调的是如何把握大道规律以运用于现实事物，如修身治世等。

值得注意的是，老子所说的“夷”“希”“微”“三者不可致诘，故混而为一”的“一”，是在描摹“道”，也是在描摹“一”，在这里，“道”就是“一”，“一”就是“道”。正如韩非子所说：“道无双，故曰一。”（《韩非子·扬权篇》）又如庄子所说：“道通为一。”（《庄子·齐物论》）应当指出的是，这是八十一章《道德经》中，唯一一章直接描写道的本体的。老子试图摹画出“道”的形象，向人们呈现出“道”的形状和样态。“夷”“希”“微”也好，“无状之状，无物之象”也罢，凸显的均是道“迎之不见其首，随之不见其后”,似无若有,似有若无的特性。这里,老子既描摹了道的样态,又强调了道的功用,回答了“道是什么”这一研习《道德经》者均要提出的问题,值得认真体悟。

**【名家品评】**

道家的最大贡献是提出天地起源的问题,这是思想史上的伟大突破。上古时代,人们都认为天是最高最大的,是万物的本源。孔子说:“唯天焉大,唯尧则之”。这是殷周以来的传统观念。老子第一个提出天的来源的问题,认为天不是最根本的,天也有其来源,这是一项空前的思想突破。于是提出“先天地生”的“道”。这“道”不但是“先天地生”,而且是“万物之宗”,是万物存在的根据,具有普遍性、永恒性。在这个意义上,“道”是天地万物的本体。老子是中国哲学本体论的开创者。

——张岱年

由于“无”具有“有”所不具备的“实际存在”,号称为“无”,并非空无一物,而有总括万有的特点,老子称之为“无状之状,无物之象”。它不同于“有”,所以“视之不可见”“听之不可闻”“搏之不可得”,“此三者不可致诘,故混而为一”。对这一最高的负概念给以特殊名称,有时叫做“无”;因为它具有规律性,也称为“道”。在一定情况下,“无”与“道”同义,有时无也是道,道也是无。

——任继愈

## 第十五章

**【原文】**

古之善为士者[(1)],微妙玄通[(2)],深不可识[(3)]。夫唯不可识,故强为之容[(4)]:豫兮若冬涉川[(5)];犹兮若畏四邻[(6)];俨兮其若客[(7)];涣兮其若冰释[8];敦兮其若朴[9];旷兮其若谷[10];混兮其若浊[11]。孰能浊以静之徐清;孰能安以动之徐生[12]。保此道者[13],不欲盈[14]。夫唯不盈,故能蔽而新成[15]。

【对译】

古代善于行道的人,精微、奥妙、玄默、通达,幽深得不易认识。正因为不易认识,所以勉强来形容他:小心谨慎啊,就像冬天履冰过河;提高警觉啊,就像提防邻国攻击;拘谨严肃啊,就像在做宾客;自在随意啊,就像冰雪消融;淳厚实在啊,就像未经雕琢的原木;空旷开阔啊,就像幽静的山谷;混混沌沌啊,就像浑浊的河水。谁能在污浊的环境中洁身自爱,在喧闹的氛围中心静如水?谁能在了无生气的环境中长久守持,并在守持中启动生命的活力?持守大道的人,不追求满盈。正因为不追求满盈,所以能够不断去旧存新。

【注释】

(1)古之善为士者:士,特指那些通晓践行“道”的高人。意谓古代善于行道的人。

(2)微妙玄通:玄通,深远通达。意谓精微、奥妙、玄默、通达。

(3)深不可识:深,深奥。识,识别、理解。意谓幽深而难以认识、理解。

(4)故强为之容:强,勉强。容,形容、描述。意谓正因为善于行道的人不易识别和理解,所以才勉强来形容他。

(5)豫兮若冬涉川:豫,原为象一类的野兽,生性好疑。这里形容慎重迟疑,行动谨慎。若冬涉川,形容小心翼翼,如履薄冰。意谓生性谨慎,就像冬天涉水过河般小心翼翼。

(6)犹兮若畏四邻:犹,原指猴一样的野兽,性怯机灵,在山中行走的时候,常常回头四顾,唯恐四面有野兽伺机攻击自己。这里是形容警觉戒惕的样子。若畏四邻,提防四周,不敢轻举妄动。意谓时刻警觉戒惕,就像提防邻国敌人攻击。

(7)俨兮其若客:俨,恭敬、端庄,形容拘谨庄重。意谓拘谨严肃,就像在做宾客。

(8)涣兮其若冰释:涣,活泼洒脱,潇洒自如。释,河水消融,形容和蔼可亲。意谓自在随意,就像冰雪消融般圆融可亲。

(9)敦兮其若朴:敦,淳厚、无知无欲的样子。朴,未经加工成器的木材,在此指没有造作的浑朴状态。意谓淳厚实在,像未经雕琢的原木。

(10)旷兮其若谷:旷,空旷、宽阔的样子,在此指气量恢宏。谷,水流汇聚的地方。意谓旷达超脱,就像山谷那样能吞纳包容。

(11)混兮其若浊:混混沌沌,犹如浑浊的水没有经过澄清。老子主张为人不要显露锋芒,而要与人打成一片,不分彼此,即所谓"和光同尘"。

(12)孰能浊以静之徐清;孰能安以动之徐生:孰,谁、哪一个。意谓谁能通过沉淀净化使得浑浊的水变清;谁能通过变动,进入新的安宁。此二句分别是比喻以静制动和以动促静。

(13)保此道者:道,指悟道、体道乃至于得道的境界。意谓达到并保持得道境界的人。

(14)不欲盈:欲,追求。盈,满。意谓不追求满盈。

(15)故能蔽而新成:蔽,通"弊",陈旧、保守。新成,新生、成功。意谓所以才能够去故更新,敝旧却能新生。

**【新解】**

在这一章,老子以诗的语言,勾勒了善于悟道、体道、修道之人的形象及其优秀品格、高尚情操,意在向世人说明怎样做才能够最终把握并践行天下大道。

老子认为,理想的为道者应该具有小心谨慎、心存畏惧、恭敬庄重、温和融洽、敦厚自然、虚怀若谷、浑朴纯正、深沉宁静的修养和品行。所有这些品格的核心,在于不求满盈。只有不求满盈,才能吐故纳新,获得新生。

在老子看来,正如道之为物,无状、无象、无声一样,体道之士则无形、无名、戒满戒盈。善于体道并力行其道者,为人无不幽微玄远而又精妙通达,深沉精细以致使人难以识别。他呈现给世人的,是这样一副人格肖像:机智、勇敢、乐观、自信,在他面前没有克服不了的困难和摆脱不了的困境,所谓“圣人无死地,智者无大难”。他勇敢但绝不莽撞,机智但绝不轻狂,自信但绝不浮夸,乐观但绝不忘乎所以。他立身处世从不妄动躁进,那犹豫畏缩的样子好像是冬天涉足过河;那警觉戒惧的样子好像是四面受敌;那庄重拘谨的样子好像是在别人家做客;那温和亲切的样子就像融融春日;那敦厚朴实的样子就像幽深的山谷;那宽厚浑朴的样子恰似滚滚江河,包容一切,因而是那样看似混浊。

老子指出,体道之士并非只是一味地浊,他们动静清浊无施不可。浊与清相对,动与静相关,浊见于动荡之时,清见于恬静之际。体道者动静得宜,浊而可复使之清,动极又复归于静,静处又复趋于生。日中则移,月圆便缺。体道者深知天道亏盈之理,他们戒盈、戒满、戒骄、戒躁,聪明睿智而守之以愚笨,多闻博学而守之以寡陋,刚毅勇敢而守之以畏缩,富贵多财而守之以贫俭,广施博济而守之以谦恭。戒盈戒满则无亏无败,不骄不躁则不断进步。

分析至此,很自然地就会联想到:本章就是老子的自画像。这幅自画像形神兼具,表面上是说“古之善为士者”,其实是在自况。这种自况外在形象表现为“故强为之容”以下七句,亦即七个方面。而“孰能浊以静之徐清;孰能安以动之徐生”是老子自身修养的基本方法,也是形成上述七个方面外在形象特征的基本途径。至于“保此道者,不欲盈。夫唯不盈,故能蔽而新成”,则强调了内心修养所应达到的程度。由此观之,老子双耳垂肩,善于仰观天象,俯察地理,深长思考,不爱多说话,更厌恶空发议论,孜孜于追求生活的基本需求和为人处世的崇高境界。身处庙堂,心忧天下;身居闹市,心境平静。不求于人而人求之,不恋于朝而朝用之,不烦于事而事顺遂。这是一位外圆内方,高蹈阔步,思接千载,视通万里的大智慧者形象。

凝视老子的自画像,所引发的思考是多方面的。人们在看到老子的人格精神造型并感受其经久不息的巨大吸引力和影响力的同时,会不约而同地得出一个结论:老子即是“道”。

**【名家品评】**

老子的学说,是最高深玄远的,而且骤然看去很像无用,恐怕把诸君的兴味打断了,所以我先奉劝诸君几句话。头一件,诸君虽然听得难懂,还须越发留心听下去,因为你的脑有一种神秘力量会贮藏识想,久后慢慢发芽。你现在虽不懂,将来要懂起来……第二件,诸君别要说这种学问无用,因为我们要做事业要做学问,最要紧是把自己神智弄得清明,正和做生意的人要有本钱一般。像老子、庄子,乃至后来的佛学,都是教我们本钱的方法……这些操练心境的学问,恰恰和你们学体育来操练身体一般,万不可以说他无用。

——梁启超

整个西方思想与民族精神,都以逻各斯为中心概念。逻各斯是西方民族精神的最高概念,道是中华民族精神的最高概念,二者惊人的相似,可以说是“逻各斯与道同在”。

——(法)德里达

## 第十六章

**【原文】**

致虚极(1),守静笃(2)。万物并作(3),吾以观复(4)。夫物芸芸,各复归其根[5]。归根曰静[6],静曰复命[7]。复命曰常[8],知常曰明[9]。不知常,妄作凶[10]。知常容[11],容乃公[12],公乃全,全乃天[13],天乃道,道乃久,没身不殆[14]。

【对译】

追求"虚",要达到极点;守住"静",要完全入定。万物一齐兴起生长,我就从这里观看它们的循环往复,万物复杂众多,纷纭变化,但各自要返回到它们的本根。返回本根叫作寂静,寂静叫作回归本来状态。回归本来状态叫永恒的规律,认识永恒的规律叫明智。不认识和把握规律,轻举妄动便招致凶险。认识和把握规律才会包容万物,包容万物才会坦荡公平,坦荡公平才会普遍周全,普遍周全才会合乎自然,合乎自然才会与道同行,与道同行才会保持长久,一生一世才不会有危险。

【注释】

(1)致虚极:致,达到。虚,无欲无为、无执无偏。极,极度、顶点。意谓达到极端的空虚无欲,不存任何功利目的,不抱任何偏见。

(2)守静笃:笃,笃实、坚定不移。意谓坚守彻底的清静无为,不急于下结论,不被表面现象所迷惑。

(3)万物并作:并,一同、一齐。作,兴起、生长。意谓万物一同兴起生长。

(4)吾以观复:复,返、周而复始。意谓静观万物的循环往复,周而复始。

(5)夫物芸芸,各复归其根:芸芸,形容复杂众多的样子。根,本根、本源。意谓万物复杂众多,纷纭变化,各自返回到它们的本根。

(6)归根曰静:归根,回归本原。意谓回归到本原状态叫作静。

(7)静曰复命:复命,本义为完成使命后的回复,在此指万物顺乎自然,返本归初。意谓静就叫作顺应自然,返本归初。

(8)复命曰常:常,常理,指万物生长运行中永恒不变的规律。意谓顺应自然、返本归初叫作永恒不变的规律。

(9)知常曰明:明,通达、明智。意谓准确地认识和把握规律叫作通达明智。

(10)妄作凶:妄作,轻举妄动、肆意胡为,即所谓的"有为"。意谓造作妄为便会招致凶险。

(11)知常容:容,包容、无所不包。意谓认识并把握大化流行的规律就能做到无所不包。

(12)容乃公:公,公平、无执无偏。意谓大度包容就能做到无执无偏。

(13)全乃天:天,天然、自然,指顺乎自然。意谓无偏无执才能做到顺应自然。

(14)没身不殆:没身,终身。不殆,不遭危险。意谓一生一世才不会招致凶险。

【新解】

老子在这一章强调致虚守静的功夫,说明了自身学道、悟道、体道的方法。

老子通过对"致虚""守静"的强调,意在让人们了解虚静复命、归根复命这一万事万物发展变化的规律,进而悟出学道体道的真谛和人生的真谛。老子主张要虚心静观万物的发展和变化,认为万物的变化是循环往复的,变来变去,又回到它原来的出发点,所以叫作"静"。既然"静"是万物变化的总规则,所以是"常";为了遵循这一"静"的规则,达到"知常曰明",就不能造作妄为,而应在把握天地自然之道的前提下有所作为,如此,才能"没身不殆"。

人生的忧患与困惑,在于违背自然之理,存在各种私心杂念。而有了私心杂念,则不免会"妄作",由"动"而"浑"而"浊"。正确解决的途径乃是以静制动,以清制浊,保持虚空而不盈满,克服种种私心杂念。为此,老子提出了“致虚”“守静”“归根”“复命”四个重要命题，主张以虚心宁静的立场与态度，来顺遂天地万物的自然变化，不以物喜，不以己悲，超越功利，达至大道。

正所谓水静才能鉴物，人静才能明理。洞明万物之常就不偏不倚，不偏不倚则无所不包，无所不包就能坦然大公，坦然大公就能无不周遍，无不周遍也就同乎天地、合于自然，同乎天地、合于自然也就通于大道，而体乎道且能行乎道的人就能“长生久视”。这样，富贵不能淫，威武不能屈，贫贱不能移，水火不能害，金石不能残，终身就能免于凶险。据此，看似无为，其实是达到了万物与我为一的体认自然的大得大为。

**【名家品评】**

老子书中屡言反复，他的人生论，亦可谓是反复观点的运用。他见到，一切事物，发展到极度，便一变而为其反面；如欲不转为其反面，则只有勿使发展到极度，而先自取其反面的形态。所以欲存其身，必先自外其身；欲全其生，必不自贵其生。惟守柔，然后能胜刚；惟不德，然后能有德。所谓知其雄守其雌，知其白守其辱，即自居其反的意思。

——张岱年

老子去奢宝俭的主张与其他先秦各学派思想比较虽无若何特殊之处，但这一主张的提出，至少也反映了老子对当时贵族阶级穷奢极欲、残酷剥削人民所持的反对态度。

——胡寄窗

# 第十七章

**【原文】**

太上，下知有之(1)；其次，亲而誉之；其次，畏之；其次，侮之。信不足焉,有不信焉[2]。悠兮其贵言[3]。功成事遂,百姓皆谓:“我自然。”[4]

【对译】

最理想的治理,百姓只知道治者若有若无的存在;次一等的,百姓亲近他、称赞他;再次一等的,百姓害怕他;更次一等的,百姓轻慢他。治者的诚信不足,百姓就不会相信他了。最理想的治者是那么悠闲啊,很少发号施令。功业成就,事情成功,百姓都说:“我本来就是这样子的。”

【注释】

(1)太上,下知有之:太上,至上、最高。指最好的君主、治者,引申为最理想的治理方式。下,指百姓。之,指国家治理机器与治理方式。意谓最理想的治理,百姓只是恍恍惚惚意识到治者若有若无的存在。

(2)信不足焉,有不信焉:前一个“信”字为守信用、实践诺言。后一个“信”字为相信、信任。意谓君王诚信不够,百姓自然不会相信他。

(3)悠兮其贵言:悠兮,悠闲自得,优裕自如。贵言,以言为贵,指不轻易发号施令,言必有信。在此指慎重发布政令。意谓君王悠闲,不会轻易发号施令,亦即无为而治。

(4)百姓皆谓:“我自然。”:自然,指自来如此,原来就是这样。意谓百姓都说:“我本来就是这个样子。”

【新解】

这一章老子把治国理世的优劣分为四个等级,虽然是从民众的感受及反应上划分的,但内容却是从怎样治国上说的,最后落脚到理想的治国理政是以大道治国。

在老子看来,“太上,下知有之”,亦即最好的君主清静无为,行不言之教,因此百姓只知道他的存在,但感觉不到与他有关的过多的烦扰。百姓“亲而誉之”的统治者,是因为言而有信。“畏之”“侮之”的统治者,是因为言而无信。言而有信者是有所作为,言而无信者是欺骗百姓,老子认为都比不上行不言之教、清静无为、“下知有之”的君主。老子主张治国理政应贵言、希言、不言,即不要轻易地制定法律、发布政令,“轻诺必寡信”,还不如不言。只有这样,才能顺应自然、顺应民心,保证国既富、民且安,实现“无为而治”的目标。

应该看到,春秋战国是社会治理思想趋于成熟的重要历史时期,儒家侧重于以“仁义礼乐”指导治国实践,主张以德治国,提倡教化民众,节制剥削,以寻求建立和谐合理的治理秩序,体现着“亲善”的治理之道;法家强调以法治国,提倡以严刑峻法强迫民众服从专制统治,倡导的是“威慑”的治理之道;墨家鼓吹“尚同”,着力追求思想统一与行政服从相统一的效果,并运用“节用”“节葬”“非乐”等手段,实现低成本、多实效的治理宗旨,张扬的是一种“功利”治理之道;以老子为代表的道家鲜明地提出“道法自然”“无为而治”的治理之道,认为应该本着“道法自然”原则,在治国理世上以“无为”为手段,通过柔弱虚无、持守大道的姿态,赢得主动优势的地位,使人与自然和谐共存,水到渠成地进入理想的治国境界,达到“无不为”的目的。本章就是这种治理理念的集中表达,对后世的借鉴价值是巨大的。

**【名家品评】**

盖老聃,周之史官,掌国之典籍,三皇五帝之书,故能述古事而倍好之。如五千言,亦或古有是语而老子传之,未可知也。

——(宋)朱熹

我认为我在做人的工作的过程中正越来越倾向于“使他们自由地表现本性,自由地趋向自己的归宿”。如果我们想说明怎样才能成为一个得力的团队领导人的话,我们也只需看看老子的几段论述就行了:

领导人最好是:“太上,下知有之;……其次,侮之。悠兮其贵言。功成事遂,百姓皆谓我自然。”

——(美)罗杰斯

# 第十八章

【原文】

大道废,有仁义[1];六亲不和,有孝慈[2];国家昏乱,有忠臣。

【对译】

大道废弛了,才有所谓的仁义;家人失和了,才有所谓的孝慈;国家陷于昏乱了,才有所谓的忠臣。

【注释】

(1)大道废,有仁义:大道,这里指治理国家的最高原则,与作为万有本体、本源的“道”含义不同。废,废弃、破缺。有仁义,是说在大道之中,人自然仁义,那是真仁义。至于通过刻意学习、训练得来的仁义,就有模仿做作的成分,同自然而有的真仁义相比就差一级了。老子所提倡的是自然天成的仁义。意谓治国理世的最高原则废弃了,才有刻意提倡的仁义。

(2)六亲不和,有孝慈:六亲,父、子、兄、弟、夫、妇,这里泛指家庭生活关系。意谓家庭关系失和了,才有刻意提倡的孝慈。

【新解】

这一章老子是在第十七章的基础上深入分析,进一步说明大道治国的合理性。

需要指出的是,“大道废”中的“道”不是第一章所说的作为宇宙本体和客观规律的“道”,因为作为宇宙本体和客观规律的“道”是不会“废”的。这里的“大道”,是老子借指关于理想社会治理的最高原则。“有仁义”,是说“大道”废弃之后,才有了刻意提倡和人为包装的所谓“仁义”。仁、义是春秋时期以后才有的新概念,因为“大道废”,才提倡仁义忠孝以挽救社会颓废之风。在马王堆汉墓出土的《老子》帛书甲乙本中,这一章是以“故”字起句,这说明,这一章是直承上一章而来的。

老子认为,所谓仁义、孝慈、忠臣,都是由于君上失德而致。至德之世,人皆仁义,故仁义不见;到了社会治理的最高原则被废弃,乃倡仁义之名以挽颓风。仁义与“大道废”、孝慈与“六亲不和”、忠臣与“国家昏乱”,形似相反,实则相成。老子在这里揭示出它们之间的对立统一关系,表达了相当丰富的辩证法思想。

应当看到,老子批判现实的针对性是极强的。当一个社会愈是推崇某一种美德、赞扬某一种品格时,恰好证明了这个社会正最缺乏这种美德。在老子看来,社会治理的最高原则是顺应自然之道,而仁义、智慧、孝慈、忠臣之类都是在自然之道被破坏、私有制产生以后的昏乱现实中出现的,是对作为宇宙本体和万事万物客观规律的“道”的背离和否定。社会是发展了,私欲却增多了,因而所谓的仁义、孝慈、忠臣之类都是违背自然本性的虚伪现象,都是损害人性本色的不智举动。只有清静无为,顺应自然之道,才能统一人心,引导社会步入正轨。从这个角度来看,老子的识见给人们的启示是深刻的。

**【名家品评】**

《老》谓之道,《周易》谓之太极,佛谓之自在,西哲谓之第一因。佛又谓之不二法门,万化所由起讫,而学问之归墟也。

——严复

中国哲学是我们这个精神世界的不可缺少的要素。公正地说,这个世界的精神孕育者,应当是柏拉图和老子、亚里士多德和庄子,以及其他一些人。可惜的是,我们这个时代的许多哲学著作总是习惯于仅提欧洲古代的一些哲学家,却忽视了老子的《道德经》,从而很不明智地拒绝了一种对欧洲文化的极为重要的源泉。

——(德)赫伯特·曼纽什

## 第十九章

**【原文】**

绝智弃辩[1],民利百倍;绝伪弃诈[2],民复孝慈;绝巧弃利[3],盗贼无有。此三者以为文[4],不足。故令有所属[5]:见素抱朴[6],少私寡欲[7]。

**【对译】**

杜绝智巧,抛弃言辩,百姓就可以获得百倍的利益;杜绝虚伪,抛弃欺诈,百姓就可以恢复孝慈的天性;杜绝稀罕的器物,抛弃金银财宝,盗贼就不会出现。这三方面是用来文饰的,不足以治理天下。所以要使百姓有所遵循:呈现本色,持守淳朴,减少私心,降低欲望。

**【注释】**

(1)绝智弃辩:传世本作"绝圣弃智",郭店简本作"绝智弃辩",据以改之。绝,杜绝、摒弃。智,智巧。老子反对以智巧治国,而不反对人人具有聪明和智慧。诚如第六十五章所说:"故以智治国,国之贼;不以智治国,国之福。"这里的"智"即指智巧、小聪明。辩,狡辩、巧言。意谓杜绝智巧,抛弃狡辩。

(2)绝伪弃诈:传世本作"绝仁弃义",郭店简本作"绝伪弃诈",据以改之。伪,矫饰、虚伪。诈,欺骗、诡诈。意谓杜绝矫饰虚伪,抛弃欺骗诡诈。

(3)绝巧弃利:巧,指稀罕难得的器物。利,指金银财宝。意谓杜绝稀有的器物,抛弃财货珍宝。

(4)此三者以为文:三者,指智辩、伪诈、巧利。文,文饰。意谓智辩、伪诈、巧利是用来文饰的。

(5)故令有所属:属,归属、遵循。意谓要使天下百姓心有归属,有所遵循。

(6)见素抱朴:见,同“现”,显现。素,没有染色的丝。抱,坚守。朴,没有雕琢的原木。意谓显现并坚守质朴。

(7)少私寡欲:私,私有、私利。欲,贪欲、欲望。意谓减少私心杂念,降低各种欲望。

**【新解】**

老子在这一章提出了推行大道、治疗社会弊病的方法,即“见素抱朴,少私寡欲”。老子认为,智辩、伪诈、巧利,是统治者扰民的造作妄为,是欺骗愚弄百姓的“文饰”,是搜刮民利、六亲不和、产生盗贼的起因,是造成道德沦丧、世风败坏、社会混乱的根源,应该坚决杜绝和抛弃。智辩之类不足以治国,只会乱国。正确的办法只能是坚持质朴,减少私欲,杜绝智辩、伪诈、巧利之类,才能没有忧患。可见,在“文”与“质”的对立中,老子强调的是“质”,返璞归真,才是治理国家、达到天下大治的基本途径。

这一章所阐述的以“见素抱朴,少私寡欲”救治社会弊病的思想,是从反面对第十八章所论述的“大道废,有仁义”的重要补充。在老子看来,“绝智弃辩”,无君无伪,民性淳朴自然,方能获得百倍的利益;“绝伪弃诈”,则可使假伪诈以行伪善、施酷虐的暴君孽臣无所遁形,民性复归于自然大道之真朴,才能具有天然真纯的“孝慈”;“绝巧弃利”,则复返于无机巧无私利、无伪无欲的“少私寡欲”时代,盗贼自然没有产生和存在的基础。老子提出治国化民之精要在收敛、消释私欲,“见素抱朴”,身心保持素朴真淳。因此,这一章可以看作是老子对以返璞归真、无私无欲治国化民之至道的高度概括。

本章首句和第三句之所以依郭店简本改为“绝智弃辩”“绝伪弃诈”，是因为老子并不反对人人具有聪明才智，也不反对“仁”“义”之举，老子反对的是由人所具有的本然的聪明才智异化而成的机心智巧，尤其反对打着“仁”“义”的旗号，而实行的假仁假义，如此之举，对治国理世有百害而无一益。同时，老子也认为，相较于“道”和“上德”而言，“仁”“义”是又低一个层次的命题，因而才有第三十八章“上德无为而无以为；上仁为之而无以为；上义为之而有以为”，“失道而后德，失德而后仁，失仁而后义，失义而后礼”之说。

【名家品评】

其（指《道德经》——引者）要在乎理身、理国。理国则绝矜尚华薄，以无为不言为教。理身则少私寡欲，以虚心食腹为务。此其大旨也。及乎穷理尽性，闭缘息想，处实行权，坐忘遗照，损之又损，玄之又玄，此殆不可得而言传者矣。

——唐玄宗李隆基

伯阳五千言，读之甚有益，治身治国，并在其中。

——宋太宗赵光义

我中国真正之哲学，不可云不始于老子也。

——王国维

## 第二十章

【原文】

绝学无忧(1)。唯之与阿(2)，相去几何？美之与恶(3)，相去若何？人之所畏，不可不畏(4)。荒兮，其未央哉(5)！众人熙熙(6)，如享太牢(7)，如春登台(8)。我独泊兮，其未兆(9)，如婴儿之未孩(10)；儽儽兮(11)，若无所归。众人皆有余[12]，而我独若遗[13]。我愚人之心也哉！沌沌兮[14]！俗人昭昭，我独昏昏[15]。俗人察察，我独闷闷[16]。澹兮其若海[17]，飂兮若无止[18]。众人皆有以[19]，而我独顽且鄙[20]。我独异于人，而贵食母[21]。

【对译】

去除异化之学，就免除了烦恼。唯唯诺诺与大声斥责，相差有多少？美丽与丑陋，相差又有多少？人君的威仪被众人所畏惧，人君也不能不敬重众人。广漠遥远啊，像是没有尽头！众人欢天喜地，兴高采烈，犹如参加丰盛精美的筵席，犹如春天登台远眺。唯独我淡泊宁静啊，没有形迹，好像还不懂得嬉笑的婴儿；落落寡合，卓然不群啊，好像无处可去。众人都绰绰有余，唯独我好像有所不足。我持守淳朴真质的心境啊！看似愚钝无知啊！世俗的人都自我炫耀，唯独我暗暗昧昧的样子。世俗的人都精明灵巧，唯独我一派质朴的样子。沉静啊，好像湛深无边的大海；飘逸啊，好像没有止境。众人都有所施展，唯独我愚顽而拙讷。我独独与世俗人不同，只注重那修道进道的求索。

【注释】

(1)绝学无忧：绝，摒弃。学，效法、模仿，引申为异化之学。忧，忧虑，引申为烦恼、搅扰。意谓弃绝异化之学就能够免却搅扰。

(2)唯之与阿：唯，应诺、恭敬的应答，这是晚辈回应长辈的声音。阿，同“诃”，怠慢地答应，这是长辈回应晚辈的声音。唯、阿都是应答的声音，阿的声音高，唯的声音低，在此含有高贵与卑贱的意思。意谓恭敬应答与严厉斥责。

(3)美之与恶：恶，丑陋、丑恶。意谓美好的事物与丑陋的事物。

(4)人之所畏，不可不畏：畏，畏惧，引申为敬重。原句语义含糊，帛书本作“人之所畏，亦不可以不畏人”，意指一国之君为众人之所畏，人君自身也不能不畏众人。如此理解，与老子着重对人君说治术的本意相合，应依帛书本。意谓人君的威仪为众人所畏,人君也要礼贤下士,敬重众人。

(5)荒兮,其未央哉:荒,广漠的样子,指辽阔广远、渺茫无边。未央,无边无际、没有穷尽。意谓辽阔广远,无边无际,没有穷尽。

(6)众人熙熙:熙熙,喧闹纷杂、纵欲狂欢的样子。意谓世俗之人只图享乐,纵欲狂欢。

(7)如享太牢:享,祭祀。太牢,古代用一牛、一羊、一猪为献的最隆重的祭祀典礼。意谓犹如参加丰盛精美、杯觥交错的筵席。

(8)如春登台:好像春天登台眺望。泛指春游、欣赏美景。

(9)我独泊兮,其未兆:我,这里老子用第一人称代词,表达他异于常人的心情和高迈的精神境界。泊,淡泊、恬静,指不以物喜、不以己悲的境界。未兆,没有迹象,在此形容无动于衷,不炫耀自己。意谓我独自淡泊自守,不露声色,了无形迹。

(10)如婴儿之未孩:孩,同"咳",婴儿笑,指婴儿天真烂漫、甜美可爱的笑容。意谓像婴儿般不落凡尘。

(11)儽(léi)儽兮:儽儽,磊磊、落落,双声近义词。意谓落落不群,无所依傍的样子。

(12)众人皆有余:有余,指占有财物,丰足有余,并以余智行诡诈之事。意谓众人富足有余,多行诈术而洋洋自得。

(13)而我独若遗:若,仿佛、好像。遗,不足,指不占有财物,好像失去了什么。意谓我好像有所不足,失去了什么。

(14)我愚人之心也哉!沌沌兮:愚人,愚是老子追求的淳朴、真质状态。这里以愚人喻指最高修养的精神境界,也是老子以反话自嘲。沌沌,看似愚钝无知的样子。意谓我持守淳朴、真质的心境,看似愚钝无知的样子。

(15)俗人昭昭,我独昏昏:昭昭,明白、光耀自炫的样子。昏昏,糊涂、暗昧的样子。

(16)俗人察察,我独闷闷:察察,洁净精明的样子。闷闷,浑厚质朴的样子,形容淡漠不觉。意谓世俗之人光耀自炫,智巧现于外,而我却浑厚质朴,大道隐于内。

(17)澹兮其若海:澹,澹泊、沉静。其若海,像大海一样辽阔。

(18)飕兮若无止:飕,高风、急风,形容形迹飘逸。止,限度、尽头。意谓无穷无尽,没有终止的时候。

(19)众人皆有以:以,用,此处引申为本领、能耐。意谓众人仿佛抱负皆有所施展。

(20)而我独顽且鄙:顽,愚顽不灵。鄙,蔽固不通。顽且鄙,形容愚陋、笨拙。意谓唯独我(因持守大道而显得)愚顽拙讷。

(21)而贵食(sì)母:贵,形容词意动用法,以……为贵。食,滋养。母,根本,这里比喻道。食母,指滋养万物的道。意谓守道养性,以守道为贵。

**【新解】**

老子在这一章把自身摆进去,说明个人修道的基本方法,指出得道之人与世俗之人的本质区别。

文中的"我",既是老子自指,也指那些通过学道、悟道、体道而最终得道的圣人。在老子看来,唯与阿、美与恶有差别,但是无论世风如何流转变化,人君在让众人畏惧其威仪的同时,也应礼贤下士,敬重众人。当然,老子淡泊自守,顺应自然,他与一般人君所不同的是具有对更高的精神境界的追求。

老子用鲜明的对比手法和形象生动的语言,深刻揭示了得道之人与世俗之人的差异与对立,反映了他淡泊宁静、无为自在、悠闲旷达的理想人生追求。老子认为,世俗之人关心的是感官的享受和得失利害,追逐的是虚幻的名声。而得道之人则完全不同,他始终保持着婴儿般的真诚与自然,不讲求功利,不羡慕虚名,耐得住寂寞,看得开得失。这种人生境界难能可贵,是浊世中的一线希望,是反抗沉沦的伟大选择。老子所谓的“俗人昭昭,我独昏昏。俗人察察,我独闷闷”,说到底,是从根本上把握住了生存的意义——“贵食母”,守道养性,只注重那修道进道的求索。老子以自己与道对话的方式,描写了修道有成者与世俗之人的不同:前者质朴,后者势利;前者可爱,后者鄙陋。

老子通过谈修道、得道之人与世俗之人、无道之人的本质区别,探讨了形成这种区别的根本原因,是由“道”的特性决定的。第十四章老子对“道体”的描述,第十五章老子对自身形象的描述,都可以与本章对读。第十四、十五章显现的是道的形象和得道之人老子的形象,本章则着重言说得道之人也是老子自身内在的崇高德性,亦即“圣人被褐怀玉”(《道德经》第七十章),与世俗之人、无道之人划清了界限。

【名家品评】

老子是中国古代的智慧大师,他同作为道德大师的孔子一样,都是中国传统文化的开拓者和创建者,是中国文化成熟和定型时期最著名的代表人物。他所创立的道家学派以其阴柔性的哲学与孔子创立的儒家学派的伦理阳刚型哲学相对立,在对立中有互补互渗,成为影响中国文化两千多年的两个主要理论学派,为其余诸子百家所不能比拟。

——牟钟鉴

也许是老子的那个时代没有人真正理解老子,或许真正认识老子的时代至今还没有到来。老子已不再是一个人,不再是一个名字了。老子,他是推动未来的能动力量,他比任何现代的,都更加具有现代的意义,他比任何生命,许多许多生命的,都更具有生命的活力。

——(德)尤利斯·噶尔

# 第二十一章

**【原文】**

孔德之容[(1)],惟道是从[(2)]。道之为物[(3)],惟恍惟惚[(4)]。惚兮恍兮,其中有象[(5)];恍兮惚兮,其中有物[(6)]。窈兮冥兮[(7)],其中有精[(8)];冥兮窈兮,其中有信[(9)]。自今及古,其名不去[(10)],以阅众甫[(11)]。吾何以知众甫之状哉?以此[(12)]。

**【对译】**

大德的模样,只是随着道而变化。道这种东西,是隐隐约约、似有似无的。隐隐约约啊,这里面有迹象;似有似无啊,这里面有物象。深远暗昧啊,这里面有精华;暗昧深远啊,这里面有信验。从现在上溯到古代,它的名相不会消亡,凭它就能够观察万物的始源。我凭借什么知道万物的始源是什么样子呢?就凭这个道。

**【注释】**

(1)孔德之容:孔,空旷、广大。德,道的体现与作用为德,德是老子思想的重要范畴,通常是指道的外在形式。容,容貌、外表。意谓大德的外形与模样。

(2)惟道是从:从,依从、遵循。意谓依据道而存在,与道保持和谐一致。

(3)道之为物:物,形象、物象。意谓道的形象、物象。

(4)惟恍惟惚:惚、恍,仿佛。隐隐约约,似有似无。这是老子对道形态的形容。“恍”是指模糊不可感知,“惚”是指微妙变化莫测。

(5)其中有象:象,迹象、征兆之显现、形象。指道其实也有它自己的形状,但这种“象”是“大象无形”之象,亦即人类所无法感知、捉摸的“象”。

(6)其中有物:物,在此为品类、标记的意思。指道有自己的物象,这种“物”同样不同于普通的物,也无法感知。

(7)窈兮冥兮:窈,深远、幽深。冥,昏暗、不明。意谓深远幽暗。

(8)其中有精:精,最微小的原质、精华。这里指极细微的物质性的实体,引申为规律。

(9)其中有信:信,信验、信实,引申为验证。

(10)其名不去:名,事物之间的区别。去,消除。意谓道作为高度抽象、似无实有的实存体,永远不会消亡。

(11)以阅众甫:阅,视、察。甫,始、起点。意谓凭借道就能够观察万物的起始。

(12)以此:此,指道。意谓就凭这个道,以道来认识万物的起源。

【新解】

老子在这一章进一步说明道的本体,强调准确认识和把握道的重要性。

老子是从德与道的关系入手展开论述的。德是什么?德是道的体现,道因德而得以显现于物的世界。从某种意义上说,德是道的形式,道是德的内容,两者是互相依存的。若是没有道,便不会有德的功用;没有德,也不能显示道的力量。

这一章开头两句,便是说德是服从于道的,大德的样态运行,都要以道为唯一的法则和准绳。接下来,就以高度抽象的语言,描述并阐释了道的性质、形象与本原,揭示了道的基本特点:道无形无象,犹如一无所有的虚空,可以称为无。但是,道又不是真正的空无,而是无形的存在,表现为一种无差别的原始混沌及无形无象,而这种原始混沌与无形无象又无所不在,可谓是大化宇宙、茫茫自然、人类社会间万事万物生长发展的共同来源。

通过老子对道、德特性的描摹不难见出，道是形而上的，无边无际，无形无状，因此，恍恍惚惚，似有似无。但是道并非不可知，反映在社会人生层面就是德，因而有形有物，有精有信。德随着道而变化，所以，“孔德之容，惟道是从”。正因为万物由道而生，所以万物生生不息；正因为“道”是永恒的，所以“道”的功能也永远不会终止。

可见，老子笔下的道质朴而模糊，是抽象的、形而上的概括，不是具体的摹状。这一章和第十四章、十六章一样，重在论道，其中亦论及道和德的关系。总之，在二者关系中，道处于主导的支配地位，德处于跟从的辅助地位，二者紧密联系，浑然一体，道确是经由德才能够体认和把握的。

**【名家品评】**

关于本根，最早的一个学说是道论，认为究竟本根是道。最初提出道论的是老子，老子是第一个提起本根问题的人。在老子以前，人们都以为万物之父即是天，天是生成一切物的。到老子，乃求天之所由生。老子以为有在天以前而为天之根本的，即是道。道生于天地之先，为一切之母。

——张岱年

中国人的特性中，很多吸引人的地方，都来自道家的传统。中国如果没有道家，就像大树没有根一样。

——（英）李约瑟

## 第二十二章

**【原文】**

曲则全(1)，枉则直(2)，洼则盈(3)，敝则新(4)，少则得(5)，多则惑(6)。是以圣人抱一为天下式(7)。不自见，故明(8)；不自是，故彰(9)；不自伐，故有功[10];不自矜,故能长[11]。夫唯不争,故天下莫能与之争。古之所谓“曲则全”者,岂虚言哉[12]! 诚全而归之[13]。

【对译】

委屈反而能保全,弯曲反而能伸展,低洼反而能充盈,破旧反而能更新,少取反而能获得,多取反而会迷失。因此,圣人持守“道”,作为天下万物的准则。不自我张扬,所以看得明白;不自以为是,所以真相彰显;不自我夸耀,所以成就功业;不自高自大,所以能够长远。因为与世无争,所以天下没有人能够与他相争。古人所讲的“曲则全”的道理,怎么会是空话呢! 真的能让人得到保全,进而返璞归真。

【注释】

(1)曲则全:曲,委屈、冤屈。则,却、反而,与以下五个“则”义同。全,保全、安全。意谓能够承受委屈,就能够得到保全。

(2)枉则直:枉,弯曲、不直。成语有“矫枉过正”,意谓弯曲反而能够伸直。

(3)洼则盈:洼,卑下、空凹。盈,充实。意谓低洼空凹反而能够充盈。

(4)敝则新:敝,破旧、陈旧。新,更新。意谓陈旧反而能更新。

(5)少则得:得,适时得宜。意谓少取反而能获得。

(6)多则惑:惑,迷乱、迷失。意谓多得反而会迷失。以上六句是说一切矛盾都会互相转化,弱的一方往往会转化为强的一方,所以处柔守静是达到目的的正确途径。

(7)圣人执一为天下式:执,固守、坚持。执一,传世本为“抱一”,帛书甲、乙本为“执一”,依帛书本改。“执一”是道家常用语,即守道执一。一,指道。式,也作“试”,是古代占卜用的一种工具,这里引申为治理天下的法式、纲领。意谓圣人将大道作为天下的范式。

(8)不自见(xiàn),故明:自见,见通“现”,自现、自显于众。明,显明、彰明。意谓不自我张扬,所以看得清楚。

(9)不自是,故彰:自是,炫耀自己。彰,彰显、清楚。意谓不自我炫耀,所以真相才能彰显。

(10)不自伐,故有功:伐,夸耀。意谓不自我夸耀,所以才能建功立业。

(11)不自矜,故能长:自矜,自夸。长,长久、永远。意谓不目空一切,所以才能够长远。

(12)岂虚言哉:怎么会是空话呢!

(13)诚全而归之:诚,确实。全,周全、保全。归,本、宗旨。意谓全性葆真,善于保全。

【新解】

老子在这一章着重阐明道具有不争而得的大法则。

首先阐释“曲全律”,一连用了六个排比句,说明遵循“曲全律”才能够全身而远祸,圣人体道,必行“曲全”。事物常在对立关系中产生,正负双方不只互相对立,而且互相转化;不只可以从正面透视负面的意义,而且也可以从负面显现正面的内涵。正是这种辩证观点,使得老子在“曲”中见“全”,在“枉”中见“直”,在“洼”中见“盈”,在“敝”中见“新”。而且看到“少”才能“得”,“多”反而“惑”。因而在“曲”与“全”、“枉”与“直”、“洼”与“盈”、“敝”与“新”,以及“少”与“得”、“多”与“惑”这两端中,由此及彼,趋“得”避“惑”,而游刃有余。由此可知,吕不韦及其门人所评“老聃贵柔”(《吕氏春秋·不二篇》),实非空穴来风。

接下来,老子便揭示圣人体道的要义,阐释“曲全律”的运用。在老子看来,寻常之人总喜欢追逐万物的显相,芸芸众生莫不汲汲于“全”“直”“盈”“新”“得”,以至贪“多”忘“少”,汲汲于彰扬显溢,引起无数纷争。求全之道,莫过于不争。不争之道,则在于“不自见”“不自是”“不自伐”“不自矜”。这就是所谓的“曲则全”,所谓的“不争”之“争”。

可见,观察事物,处理问题,将矛盾的双方根本对立、截然分开,见外不见内、见表不见里是根本错误的。圣人正是由此总结了道的柔弱、俭啬、谦卑的特征,作为天下的榜样和行事的准则,并娴熟地运用"曲全律",进入理想的"执一为天下式"的境界。

老子知雄守雌、知白守黑的理念,就是从朴素辩证法的立场出发,深刻阐释的观察社会、待人接物的基本原则:委曲求全,以退为进,欲取先予,欲擒故纵。可能有人会说此乃"老子术"。须知,术与道并非如一般人所理解的是互不相容的,事实上并没有纯术纯道,而是道中有术,术中有道,道讲到位了自然就会术化,术讲到家了自然就会道化。老子讲"柔弱胜刚强",讲"愚拙"胜"智巧",此术也,实寓道中,是谓"道术"。尽管老子"曲全律"中术的意味很浓,但属于道的范畴应是无疑的。

在这一章,老子讲事物的正反转化,由自然界两两相对又相互转化的实例入手,进而说到世事、人事上,最后得出"夫唯不争,故天下莫能与之争"的结论。层层深入,一气呵成,既让人们领略了特色独具的说事析理的风格,又让人们体悟到了辩证思维方法的奇妙,实为一种感官和心灵的双重盛宴。

**【名家品评】**

老子为书,其言虽若虚无,而于治人之术至矣。

——(宋)欧阳修

老子非常强调辩证否定式思维方法,老子说"正言若反",正面的话好像是反面说。老子有辩证否定的思维方法。老子在中国哲学史上建立了第一个哲学思想体系,因为在老子以前,古代的中国一直是天命论思想统治的,要突破这种旧的思维传统,必须寻找新的思维方法。……老子看到了礼仪文明的负影响,并从反的方面来考察,以道和德为核心的新的思想体系来代替它。当然在代替过程中,他吸收了礼仪文明的好东西。在看到礼仪文明否定的东西以后,他提出看问题要看正面,也要看反面,只有从反面看,才能把问题看得深刻。

——许抗生

# 第二十三章

**【原文】**

希言自然(1)。故飘风不终朝,骤雨不终日(2)。孰为此者(3)? 天地。天地尚不能久,而况于人乎(4)? 故从事于道者,同于道(5); 德者,同于德(6);失者,同于失(7)。同于德者,道亦德之;同于失者,道亦失之(8)。信不足焉,有不信焉。

**【对译】**

少发号施令,才符合自然状态。所以狂风不会持续刮一个早上,雨不会持续下一整天。谁造成了这种现象呢? 是天地。天地间的飘风骤雨尚且不能持久,更何况人世间呢? 所以从事于道的人,行为就与道相同;从事于德的人,行为就与德相同;失道失德的人,行为就与失道失德相同。同于德的行为,道会成全他;行为失德的人,道也会抛弃他。统治者的诚信不足,百姓自然不会信任他。

**【注释】**

(1)希言自然:希言,无声之言、少说话,深层意思是少发号施令,行不言之教。自然,自然而然。意谓行不言之教,听任万物自然变化。

(2)飘风不终朝,骤雨不终日:飘风,狂风、大风。终朝,一个早晨。骤雨,急雨、暴雨。终日,自黎明一直到黄昏,一个整天。意谓狂风刮不了一个早晨,暴雨也不会一直下。

(3)孰为此者:是谁能使狂风刮不了一个早晨,暴雨下不到一个整天的呢?

(4)而况于人乎:而况,何况、更不必说。人,人世间。意谓更不必说人世间了。

(5)从事于道者,同于道:意谓从事于道的人,行为就与道相同。

(6)德者,同于德:意谓从事于德的人,行为就与德相同。

(7)失者,同于失:失,指失掉道,失掉德。意谓失道失德的人,行为就与失道失德相同。

(8)同于德者,道亦德之;同于失者,道亦失之:认同有德的人,道也会成全他;认同无德的人,道就会抛弃他。这两句的意思引申为:凡是寻求真理的人,真理便永远与他同在;凡是坚持错误的人,错误便与他形影不离。

**【新解】**

这一章老子以暴风雨比喻暴政不会长久,告诫统治者要"行不言之教","百姓皆谓:'我自然。'"

老子认为,只有相信道,并照着做,天长日久,循序渐进,才会得到道;不相信道,不照着做,就不会得到道。道如此,德亦如此。就其反面说,失亦如此。在老子看来,失道、失德非圣人所为,若失道、失德,定会诚信不足,造作妄为,天下人就不会信任他了。因此,严刑峻法、苛捐杂税的暴政既不可能长久,也不会有好结果,只有清静无为,顺应自然,使百姓安居乐业,才能够"同于德者,道亦德之",否则,"同于失者,道亦失之"。老子告诫统治者,修德悟道,与道同行,行不言之教,施无为政治,才能取信于民,才不会被道所抛弃。

老子所强调的是修道者特别是身居高位的统治者修德悟道的重要性。在他看来,统治者如果不能奉行天下大道,修身以立德,就不能取信于民。得不到人民的信任和支持,其统治地位也就岌岌可危了。对统治者来说,是要取信于民,这是问题的一个方面。另一个方面,还要由统治者从自身做起，以其模范带头作用打造诚信社会，亦即运用教化的力量，引导天下百姓以讲诚信为荣，以背离诚信为耻，只有上下同心，都讲诚信，整个社会才能处于协调运转状态。

在老子看来，人们坚守道、德与失道、失德之间是一种相互联系的同频共振关系，修道者尤其是统治者要明白这一原理，不能自立于大道之外，要让自己的言行与道保持高度一致，同频共振，才能收到预期成效。

【名家品评】

道家，信自然力万能，而且至善；以一涉人工，但损自然之朴。老庄崇虚想、主无为、贵出世、明哲理、重平等、明自然等。

——梁启超

在伟大的诸传统中，据我看，道家提供了最深刻并且最完善的生态智慧，它强调在自然的循环过程中，个人与社会的一切现象和谐地融合在一起，和谐就能持续发展，没有和谐就谈不上持续发展。

——（美）卡普拉

## 第二十四章

【原文】

企者不立[(1)]；跨者不行[(2)]；自见者不明[(3)]；自是者不彰[(4)]；自伐者无功[(5)]；自矜者不长[(6)]。其在道也[(7)]，曰：余食赘形[(8)]。物或恶之[(9)]，故有道者不处[(10)]。

【对译】

踮起脚跟的站不稳；跨大步的走不快；自逞己见的看不清楚；自以为是的遮蔽真相；自我夸耀的没有事功；自我仗恃的无法长久。用道的观点来观察,这些可说是剩饭与赘瘤。人们大多厌恶这样的作为,所以有道的人不这样行事。

【注释】

(1)企者不立:企,同“跂”,踮起脚后跟;翘起脚尖。意谓踮起脚跟的人难以久立。

(2)跨者不行:跨,跨越、大步前进。意谓迈开大步想快走,结果反而走不快。

(3)自见者不明:见,同“现”,表现。意谓自我表现的人不聪明。

(4)自是者不彰:彰,明显、显现。成语有“欲盖弥彰”。意谓自以为是的人,往往遮蔽真相。

(5)自伐者无功:伐,自夸、炫耀。意谓自我炫耀的人,没有事功。

(6)自矜者不长:矜,自尊自大、自夸。意谓骄矜自傲的人,必定会碰得头破血流,结果是好景不长。

(7)其在道也:其,指上述“自见”“自是”“自伐”“自矜”等做法。在道也,对于道而言。意谓从道的角度来看“自见”“自是”“自伐”“自矜”之类言行。

(8)余食赘形:余食,剩饭残羹。赘,赘瘤。意谓多余、无用之物。

(9)物或恶(wù)之:物,事物,引申为泛指一般人。恶,厌恶。意谓人们大多厌恶这种行为。

(10)故有道者不处:有道者,指那些认识和掌握了道的精奥大义,能够顺应自然、与物自化的高尚之人。处,居。不处,不居于此,不这样做。意谓有道的人追求崇高,持守大道,不会这样行事。

【新解】

老子在这一章说明学道、悟道、修道的人不能“自见”“自是”“自伐”“自矜”。

在老子看来，"立"何必"企"，"行"何必"跨"，"明"何必"自见"，"彰"何必"自是"，"有功"何必"自伐"，"自矜"必不长久，因此，"企""跨""自见""自是""自伐""自矜"，都是多余而无用的行为，这种行为背后均隐含着背离道和德的过分的欲望和私利。追求私欲，自我炫耀，不符合道柔弱、俭啬、谦卑的要求，自然也不会有好的结果。

民间有俗语讽刺挖苦那些一知半解却又自以为是的"半瓶子醋"角色，说他是"一瓶子不满，半瓶子晃荡"。这类人容易自满，以井底之蛙的心态为人处世，稍有成绩便忘乎所以，小有收获便沾沾自喜，全然忘记了"山外有山，天外有天，人外有人"的道理，作茧自缚，画地为牢，终将失去前进的动力，沦落为庸碌无为之人。老子认为，凡此种种皆为"余食赘形"，是做人无品位、低境界的表现，其结果恰恰与所预期的目标相反。

在社会急剧变革、世人大多心态浮躁的境况下，聆听2500多年前老子这位大圣哲的谆谆告诫，以贵雌守柔、谦恭退让、柔弱无为的态度处世，反对自以为是、汲汲于造作妄为的不智之举，去除"余食赘形"，重在静以修身，是非常有意义的。

【名家品评】

《老子》的大部分思想表示出另一种企图，就是揭示宇宙事物变化的规律。事物变，但是事物变化的规律不变。一个人如果懂得了这些规律，并且遵循这些规律以调整自己的行动，他就能够使事物转向对他有利。

——冯友兰

老子的"道"能解释为一种深刻意义上的"道路"，即"开出新的道路"，它的含义要比西方人讲的"理""精神""意义"等更原本，其中隐藏着"思想着的道说"或"语言"的"全部秘密之所在"。

——(德)海德格尔

# 第二十五章

**【原文】**

有物混成(1),先天地生(2)。寂兮寥兮(3),独立不改(4),周行而不殆(5),可以为天下母(6)。吾不知其名,强字之曰“道”(7),强为之名曰“大”(8)。大曰逝(9),逝曰远(10),远曰反(11)。故道大,天大,地大,人亦大(12)。域中有四大(13),而人居其一焉。人法地,地法天,天法道,道法自然(14)。

**【对译】**

有一个浑然一体的东西混沌而成,在天地形成以前已经存在。寂静无声啊,空虚无形啊,独立自在,永不更改,循环运行而不懈怠,可以作为天下万物的母体。我不知道它的名字,勉强把它称作“道”,再勉强命名为“大”。它广大无边而周流不息,周流不息而伸展遥远,伸展遥远而返回始源。所以,道是大的,天是大的,地是大的,人也是大的。大化之中有四种大,而人是其中之一。人取法地,地取法天,天取法道,道取法自己本然的状态。

**【注释】**

(1)有物混成:物,喻指道。混成,浑然一体,指混沌质朴的原始状态。意谓有一个浑然一体的东西混沌而成。

(2)先天地生:意谓道先于天地而存在。

(3)寂兮寥兮:寂,无声。寂兮,静而无声。寥,空虚、无形。寥兮,动而无形。意谓寂静啊,空虚啊。

(4)独立不改:独立,强调道的自足性和唯一性。不改,强调道的永恒性和绝对性。意谓道不依靠外力而存在,生生不息而不变。这里形容道的绝对性和永恒性。

(5)周行而不殆:周行,循环运行。殆,通“怠”。不殆,不息。意谓循环运行而永不懈怠。

(6)可以为天下母:母,根本。意谓可以做天下万物的本源。

(7)强字之曰“道”:强,勉强。字,命名、取名。意谓勉强将它命名为“道”。

(8)强为之名曰“大”:大,形容道的无边无际,无所不包;渗透一切,无所不在;漫无际涯,无所不容。这里是对道的性质与作用的形容与概括。意谓勉强称它为“大”。

(9)大曰逝:曰,而、则,与下面两个“曰”字一样,作连词用。逝,运行、变化。意谓道体漫无际涯而周流不息。

(10)逝曰远:远,遥远。意谓道周流不息而伸展遥远。

(11)远曰反:反,同“返”,返回、返归本源。形容道在运行上的循环往复性质,意谓伸展遥远而返回始源。“大曰逝,逝曰远,远曰反”中的“大”“逝”“远”“反”都是描述道的运行过程,即“周行”。

(12)人亦大:意谓人与“道”“天”“地”一样也是大的。从这一论断可见,老子是第一个明确地肯定人的卓越地位的思想家,是人本思想的最早倡导者。

(13)域中有四大:域中,指广袤无际的宇宙之中、大化流行之中。四大,指道、天、地、人。

(14)人法地,地法天,天法道,道法自然:前三句中的“法”,是取法、效法的意思。第四句中的“法”,是道性自然的意思。道法自然,道纯任自然,法尔如是。老子经常从纯任自然的角度讲道。意谓人取法地,地取法天,天取法道,道自然而然。

【新解】

这一章老子进一步说明道的本体,明确指出道是天下万物的法则。

老子集中阐释了道的属性、状态、称谓和归依。认为有一个浑然一体的东西,是天地的本原,并先于天地而产生。它寂静空虚,独立存在,循环不息,无法名状,勉强称它为“道”。因为它没有边际,无所不包,无处不在,又勉强称它为“大”。“大”就是运行不息,可称为“逝”;“逝”就是延伸遥远,可称为“远”;“远”就是返回本原,可称为“反”。如此循环不息的道,是自然而然而来。正因为“道”实在不好名状,才有《道德经》开篇“道可道,非常道;名可名,非常名”的描述与无奈。

作为《道德经》中最为重要的一章,继第一、四、十四、二十一章,老子再一次强调“大道”先于天地万物而存在,具有形而上的本质。它不依靠外力而自然运行,生生不息而主宰一切,体现出不可置疑的绝对性和永恒性。人世之间的秩序,社会生活的嬗变,沧海桑田的转化,归根结底,不过是道的衍化与外延。宇宙间有所谓的“四大”,而这中间“人居其一”。这里老子所说的“人”,是“大写的人”。而“四大”之所以成立,又在于它效法的总规律是“自然”。这样,老子便从“人法地,地法天,天法道,道法自然”的角度,合乎逻辑地推出了“天人合一”的基本命题。值得注意的是,老子把人与道、天、地并列,并没有提到神,这是对神本主义的否定,对人本主义的肯定。这种对人格尊严的认定和推崇,影响所及,道家主张贵身爱身,全性葆真,道教主张“我命在我不在天”,以迄于今,仍有重要借鉴价值。

【名家品评】

他(老子——引者)说的“先天地生”,说的是“谓天地根”,说的“象帝之先”,这分明说道的本体,是要超出“天”的观念来求它,把古代的“神造说”极力破除。后来子思说“天命之谓性,率性之谓道”,董仲舒说“道之大原出于天”,这都是说颠倒了。老子说的是“天法道”,不说“道法天”，是他见解最高处。

——梁启超

中国人承认的基本原则是理性——叫做“道”；道为天地之本，万物之源。中国人把认识道的各种形式看作是最高的学术……老子的著作，尤其是他的《道德经》，最受世人崇仰。

——（德）黑格尔

# 第二十六章

## 【原文】

重为轻根(1)，静为躁君(2)。是以君子终日行不离辎重(3)。虽有荣观(4)，燕处超然(5)。奈何万乘之主(6)，而以身轻天下(7)？轻则失根(8)，躁则失君(9)。

## 【对译】

稳重是轻率的根本，沉静是躁动的主宰。因此君子行事持重，处世宁静，终日行路时刻不离根本。虽然享受尊荣却能淡然处之，不会沉溺其中。为什么万乘大国的君主，反而要用一己之身轻浮地面对天下呢？轻浮就会失去生存的根本，躁动就会失去主宰的地位。

## 【注释】

(1)重为轻根：根，基础、根本。意谓重为轻的基础，稳重是轻率的根本。这里老子提倡持重。

(2)静为躁君：静，安定、平静。躁，躁动、轻举妄动。君，主宰者。意谓静是躁动的主宰。这里老子主张守静。

(3)是以君子终日行不离辎重：离，丧失、丢失。辎重，古时候有帷盖的装载衣物、器械的车。后一般专指军用器械、营具、粮秣、服装等。意谓圣人寸步不离根本,行事持重,处世守静。

(4)虽有荣观:荣观,指华美壮丽的宫观,旧时贵族游玩享受的地方,这里比喻优越、奢华的生活。意谓虽然身居华美的宫殿之中,享受着尊荣。

(5)燕处超然:燕,安宁、安逸。处,居处。超然,淡然处之,无所萦心,不沉溺于其中。意谓能够淡然处之,不沉溺其中。

(6)奈何万乘(shèng)之主:乘,古时一车四马叫乘。这里以"万乘之主"指称大国的君主。

(7)以身轻天下:以,将、把。身,自身、自我。意谓自身轻浮地面对天下。

(8)轻则失根:根,根本、根基。意谓轻浮就会丧失根基。

(9)躁则失君:君,主宰。意谓浮躁就会丧失主宰。这里强调一国之君应以持重、沉静治国理世,不能多欲躁动。

**【新解】**

老子在这一章着重说明治国理世不能轻躁,应该以重静为要。

首先列举出重与轻、静与躁两对矛盾,指出"重为轻根,静为躁君",强调"轻则失根,躁则失君"。认为轻与重对立,重是矛盾的主要方面;躁与静对立,静是矛盾的主要方面。既然如此,治国理政者就要避免轻、躁,注重重、静。因为,稳重是轻率的根本,沉静是浮躁的主宰。治理天下的万乘之君必须以天下为重,如果违背大道,轻率浮躁,骄奢淫逸,肆意纵欲,把治理天下视为儿戏,便会导致"轻则失根,躁则失君"的严重后果。

老子通过对"轻重"与"动静"两对矛盾辩证关系的阐述,自然引申出"贵重""守静"的政治观点。这一观点的提出,既是对夏、商、周三代治国理政经验教训的总结,也是针对他所处的春秋末年天下无义战,各诸侯国的君主轻躁冒进,"以身轻天下"的现实而言。

历史常常有惊人的相似之处。纵观老子以降的社会发展史,统治者轻率、躁动的现象,几乎代有所出。他们一旦得势便忘乎所以,一有权力便轻举妄动,好大喜功。瞎起哄,穷折腾,几乎成了一种普遍的官场病态,其结果往往以闹剧开场,以丑剧谢幕。丢丑在当时,贻笑传千古。可见,以"贵身""持重""抱朴守静"的态度治国,做到超然自在,垂拱而治,应是治国理政者孜孜以求的理想治理境界。

【名家品评】

老子觉察了人类智巧的危机,故尽力鼓吹"无知"以为人类之最大福音。他又觉察了人类劳役的徒然,故又教人以无为之道,所以节省精力而延寿养生。

——林语堂

一部《老子》,字不过五千,却拥有博大精深的理论体系,其内容涉及自然、社会、人事、政治、经济、文化等各个方面,故历来受到社会的重视。人们从不同的角度去探讨、研究、注释、阐发,由此而形成了一个庞大且悠长的学术流派,同时也就构成了一部老子学说史。

——熊铁基

## 第二十七章

【原文】

善行无辙迹[(1)];善言无瑕谪[(2)];善数不用筹策[(3)];善闭无关楗而不可开[(4)];善结无绳约而不可解[(5)]。是以圣人常善救人,故无弃人[(6)];常善救物,故无弃物[(7)]。是谓袭明[(8)]。故善人者,不善人之师[(9)];不善人者,善人之资[(10)]。不贵其师,不爱其资[(11)],虽智大迷[(12)],是谓要妙[(13)]。

【对译】

最上乘的行为顺乎自然，不留痕迹；最高明的言说顺乎人情，没有疵病；最精确的计算不用筹码；最严密的关闭不用栓梢也不能开；最到位的捆缚没有绳索也解不开。因此圣人总是善于挽救芸芸众生，做到人尽其才，所以没有被抛弃的人；总是善于拯救万物，所以没有被遗弃的物。这就叫作因顺常道的大智慧。所以与人为善的人，是不与人为善人的老师；不与人为善的人，是与人为善人的借鉴。不尊重他的老师，不珍惜他的借鉴，虽然自以为聪明，其实是最大的糊涂，这就叫作精微玄妙。

【注释】

(1)善行无辙迹:善行,最上乘的行为,最好的做法。辙迹,车轮压出的痕迹,在此指人为的痕迹。意谓最上乘的行为顺乎自然,依乎天理,丝毫没有人为痕迹。

(2)善言无瑕谪:善言,善于说话,指善于以身作则,行不言之教。瑕谪,玉上的斑痕,引申为疵病、过失。意谓行不言之教的人依乎天理,顺乎人情,无所偏私,没有疵病。

(3)善数不用筹策:数,计算。筹策,古代计数用的工具,指计算的筹码。意谓最高明的计算不用筹码。

(4)善闭无关楗而不可开:关楗,门闩或门锁一类的东西。意谓最擅长的关闭不用栓梢也打不开。

(5)善结无绳约而不可解:结,打结、捆缚。绳约,绳索。解,解开绳结。意谓最到位的捆缚没有绳索也解不开。

(6)故无弃人:弃人,被闲置、遗弃的人。意谓在圣人的治理下,人人都能各得其所,发挥自身的专长和作用,对社会有所贡献。

(7)故无弃物:弃物,被遗弃的东西。意谓在道的世界里,能够物尽其用,各显天性。

(8)是谓袭明:袭,承袭,引申为保持、含藏。明,聪明,引申为具体认识,了解道的智慧,是对道的规律的认识。意谓因顺常道。

(9)不善人之师:不善人,品行恶劣的人,泛指不与人为善的人。意谓是不与人为善人的老师。

(10)善人之资:善人,即善人者。资,取法、借鉴。意谓不与人为善的人(的伪言伪行),是与人为善人的借鉴。

(11)不贵其师,不爱其资:贵,尊重、推崇。爱,珍惜。意谓不尊重他的老师,不珍惜他的借鉴。

(12)虽智大迷:迷,迷乱、糊涂。意谓如果不善于以与人为善的人为师,又不能做到以不与人为善的人为鉴,那么即使是资质聪明,最后也会转化为大糊涂。

(13)是谓要妙:要妙,精深微妙。意谓这就叫作精微玄妙。

【新解】

这一章重在阐述以不用为用的思想,介绍"袭明""要妙"的处世为人之道。

老子在本章开头即列举行、言、数、闭、结五种事例,说明在治国理世过程中,要顺乎自然天性,使天下无为而治。在老子看来,人无弃人,物无弃物,天下的善人、不善人,善物、不善物,都是有用处的,与人为善的人可以作为世人学习效法的楷模,不与人为善的人也可以成为世人引为借鉴的对象。事物的两个方面虽然看似对立,其实内在统一,关键看能否认识到并把握住。懂得了这个道理,才能进入精微玄妙的境界。

老子在道的高层次上揭示了善的本质属性,指出真正的善不是人为的,而是自然本色,不留任何刀刻斧凿的痕迹。同时,要认识到任何事物都有其独特的地方,都有值得肯定的优点和精华。从道充满大化流行视角观察,世上没有一无是处之人,亦无一无是处之事,高明的统治者只有善于辩证地认识问题,分析问题,做到善于借鉴,才能更好地充实自己,丰富自己，进而牢牢把握治国理世的主动权。

老子主张圣人“居无为之事”，并不是无所事事，而要因自然而为。相对于无所不备的道，芸芸众物都只是一偏，而其偏往往也就是其所长。如善行者未必善数，但是其行却可以“无辙迹”；善数者未必善言，但是其数却可以不用筹策。圣人能因众人和众物之所长而尽其用，使之各行其宜，所以能“无弃人”“无弃物”，老子把这叫作“袭明”——对大道规律认识、把握到了一定程度的大智慧。如果用非其用，或者以求全责备的眼光看待具体的人和物，必然会认为皆一无所用，老子把这称为“大迷”——偏离了大道运行规律，不解依乎天理、顺乎自然、应乎人情之妙的大糊涂。只有承认具体事物各有其存在的合理性及其意义，才能真正体味大道的精深微妙。

**【名家品评】**

我并没有什么管理秘诀，我经营的唯一方法是经常顺应自然的法则去做事。

——（日）松下幸之助

协同学含有中国基本思维的一些特点。事实上对自然的整体理解是中国哲学的一个核心部分。

——（德）哈肯

# 第二十八章

**【原文】**

知其雄，守其雌[(1)]，为天下谿[(2)]。为天下谿，常德不离[(3)]，复归于婴儿[(4)]。知其白，守其辱[(5)]，为天下谷。为天下谷，常德乃足，复归于朴[(6)]。朴散则为器[(7)]，圣人用之，则为官长[(8)]，故大制不割[(9)]。

【对译】

深知什么是刚健雄强，却安守雌柔，甘心做天下的徯径。甘心做天下的徯径，恒久的德就不会离失，而回归到初生婴儿的状态。深知明亮的好处，却安居于暗昧的位置，甘心做天下的川谷。甘心做天下的川谷，恒久的德才可以充足，而回归到真朴的道。真朴的道分散成万物，圣人依循道驾驭万物，就能成为天下的统治者，所以完善的政治是不割裂的。

【注释】

(1)知其雄，守其雌：知，了解、认识。雄，雄强有力，比喻刚动、躁进。守，坚守、安守。雌，谦卑处下，喻柔静、谦下。意谓深知什么是刚健雄强，却安守雌柔。

(2)为天下谿：谿，同“徯”，徯径，亦作蹊径，喻指谦下涵容。意谓甘心做天下的徯径。

(3)常德不离：常德，全面的、周备的德，指永恒不变的德。意谓永恒不变的德就不会离失。

(4)复归于婴儿：回复到婴儿般骨弱筋柔、淳朴天真的状态。老子这里以婴儿喻指谦下贵柔、抱朴守静的状态。

(5)知其白，守其辱：白，明亮。辱，暗昧。意谓深知明亮，却安守暗昧。

(6)复归于朴：朴，质朴、素朴，此处喻指道。意谓重新回归到原始质朴的道。

(7)朴散则为器：散，分离、分散。器，指万物。意谓真朴的道分散为万物。

(8)圣人用之，则为官长：之，指朴，真朴的道。官长，百官的首长，指君主。意谓圣人遵循真朴的道，就能够成为天下的统治者。

(9)故大制不割：制，体制，这里泛指政治。割，割裂、支离破碎。意谓完善的政治是不割裂的。

【新解】

老子在这一章阐述保持“常德不离”要回复到婴儿般的天真、人性的原初质朴状态，强调只有返璞归真，才合乎道。

以柔弱胜刚强是老子的基本思想，这一思想的表述，从他的“上善若水，水善利万物而不争，处众人之所恶，故几于道”之类的阐释中可以得到很好的解读。应该说，这一章是老子围绕这一理念的进一步发挥。老子以“雌”“谿”“婴儿”为例，说明柔的长处。如果说这些皆属自然界、生物界现象的话，那么“黑”与“白”则属于人类社会现象了。老子由自然而社会，由一般的生物而至于人类这种万物之灵，意在论述抱朴守静、以柔克刚的道理。似乎这些还不足以充分说明自己的观点，老子又以“谷”“常德”“朴”来进一步阐述，将一般的、形而下的思考转化成了抽象的、形而上的考量，一步步地把人们引入淳朴敦厚、朴散为器的大道盛行境界，并归之于“圣人用之，则为官长，故大制不割”的道德价值取向，集中展示了谦下贵柔、大道治国的独到思考。

这里，注意老子对“复”的运用，他强调“复归于婴儿”“复归于朴”。“复”在老子思想中有两种含义：一种是单纯的更新再始，如第十四章中讲的“复归于无物”，第十六章中讲的“各复归其根”；另一种类似于德国哲学家黑格尔的“三一式”。黑格尔在构造其哲学体系时用了“正—反—合”的框架，这一章所讲的“复归于朴”“复归于婴儿”，也是一个“正—反—合”的过程。

即使如此，老子的“复”与黑格尔的“三一式”也有很大的区别。黑格尔的“三一式”体现的是其体系的展开，而老子的“复”则主要强调循道而行、谦下贵柔所达到的人生境界和治国理世层次。

最后需要指出的是，传世本在“知其白”后有“守其黑，为天下式。为天下式，常德不忒，复归于无极。知其荣”6 句 23 字，陈鼓应综合前人观点，认为“这六句疑为后人所窜入”（陈鼓应《老子今注今译》，商务印书馆 2003 年版，第 183—186 页）。今依陈鼓应《老子校定文》，删去上述 6 句 23 字。

【名家品评】

老子道贯天人，德超品汇，著书五千余言，明清静无为之旨，然其切于身心，明于伦物，世固鲜能知之也。

——清世祖爱新觉罗·福临

“制”通“哲”。《大戴礼记·诰志》：“此古之明制之治天下也。”王引之《经义述闻》卷十二释曰：“制，当读为‘哲’。言此古之明哲之君之治天下也。”据此，可以将“大制”释为“大哲”，即大智慧、大哲理，显然这与道或“朴”的含义是完全一致的。这样一来，“朴散则为器。圣人用之，则为官长。故大制不割”，就可译为：“作为道的‘朴’转化为人们观察、分析和处理问题的方式方法。圣人运用这种思想武器，就能成为‘百官之长’。因此，作为大哲的‘道’是不容割弃的。”

——董京泉

# 第二十九章

【原文】

将欲取天下而为之(1)，吾见其不得已(2)。天下神器(3)，不可为也，不可执也(4)。为者败之(5)，执者失之(6)。是以圣人无为，故无败；无执，故无失。故物或行或随(7)，或嘘或吹(8)，或强或羸(9)，或培或堕(10)。是以圣人去甚，去奢，去泰(11)。

【对译】

想要治理天下却采取有意为之的方式,我看他是不能达到目的了。天下是个神圣的器物,对它不能有意妄为,也不能有意把持。妄为的就会败落,强持的就会失去。因此圣人顺势而为,所以不会败坏天下;不硬去把持,所以不会失掉天下。所以万物有的前行,有的随后;有的性缓,有的性急;有的强壮,有的瘦弱;有的安稳,有的坠危。因此圣人要去除极端,去除奢侈,去除放纵。

【注释】

(1)将欲取天下而为之:取,获取、赢得,意指治理天下。为之,有为、强力去做,实际上是老子所坚决反对的造作妄为。意谓想要治理天下却采取造作妄为的方式。

(2)吾见其不得已:不得,不可得、不能达到目的,因为这是勉强去做。已,语助词,无实义。意谓我看他是不可能达到目的了。

(3)天下神器:神器,神妙的器物、神圣的东西,引申为国家政权。意谓天下是神圣的东西。

(4)不可执也:执,执持、把持。意谓不能勉强地刻意把持。

(5)为者败之:败之,把事情弄坏。意谓造作妄为、勉强去做往往会把事情弄糟,与初衷适得其反。

(6)执者失之:意谓想勉强拥有把持,结果反而丧失一切。

(7)故物或行或随:行,主动前行。随,被动跟随。意谓天下万物有的前行,有的跟随。

(8)或嘘或吹:嘘,慢慢地吐气。吹,撮口用力出气。有的轻嘘,有的急吹。意谓万物纷呈,各有其个性。

(9)或强或羸(léi):强,刚强、健壮。羸,瘦弱。意谓有的强健,有的瘦弱。

(10)或培或堕:培,增益。堕,损毁。意谓有的自爱,有的损毁。

(11)是以圣人去甚,去奢,去泰:去,舍弃。甚,极端。去甚,舍弃极端的做法。奢,奢求、奢侈。泰,过分、极端的行为,亦即为所欲为。意谓圣人治国理世,要去除极端、奢侈、过分的做法,避免为所欲为。

**【新解】**

“天下如何治理”,老子对此进行了深入探讨。这一章指出世间万物各具物性,各有差异,不可按一己的主观臆想去整治和规范,只有“去甚,去奢,去泰”,才符合道的要求,并进入与道相合的治国理世层面。

在老子心目中,天下是一个神圣的器物。说它神圣,是因为它是“生而不有,为而不恃,功成而弗居”的自然之物,有这个前提在,对它就不能有意妄为,有意把持,假若造作妄为,就不免败落和丧失。明白了这个道理,就要“无为”“无执”,惟如此,才是圣人之治,才能做到“无为而无不为”。当然,在治国理世进程中,不能一概而论,也不能片面性、绝对化。毕竟万事万物千差万别,异彩纷呈,有道的治国理世者,会非常理性地看待这种差别,并在这种差别之中抓住主要矛盾,通过上下协调,左右沟通,进而去除极端,避免奢侈,丢掉放纵,引导万物进入法尔如是的自然运行轨道,以无意为之达到自然为之之目的。

天下事物多样性的存在是道的本质属性的体现,统治者只能顺应自然本性去扶持它、应从它,而不可以按人的主观臆测去主宰它、控制它。违背万事万物生发、运行的客观规律而幻想用人的主观臆想去主宰万事万物,操纵政治,只会使一切变得混乱糟糕,走向反面。顺应自然,因势利导,除去极端、奢侈和过分的行为,实行“无为而治”,才是明智之举。这里,老子重在阐析如何做到“无为而治”,所言说的对象是“圣人”。本章老子借“圣人”代指统治者,当然,“圣人”在不同章节中的含义不同,应依上下文语意理解并注意它们的区别。

**【名家品评】**

道家者流,盖出史官。历记成败祸福古今之道,然后知秉要执本,清虚以自守,卑弱以自持。此君王南面之术也。

——(汉)班固

常人多说《老子》是厌世哲学。我读了一部《老子》,就没有看见一句厌世的语。他若是厌世,也不必著这五千言了。老子是一位最热心肠的人。说他厌世的,只看见“无为”两个字,把底下的“无不为”三个字读漏了。

——梁启超

# 第三十章

**【原文】**

以道佐人主者[(1)],不以兵强天下[(2)]。其事好还[(3)]。师之所处[(4)],荆棘生焉[(5)]。善有果而已[(6)],不以取强[(7)]。果而勿矜[(8)],果而勿伐[(9)],果而勿骄,果而不得已[(10)],果而勿强。物壮则老,是谓不道[(11)],不道早已[(12)]。

**【对译】**

用道辅佐君主的人,不依靠武力在天下逞强。用兵动武这种事很快会遭报应。军队到过的地方,一定是荆棘丛生。善于用兵的,一战胜就了结了,不敢自恃武力来逞强。战胜而不自负,战胜而不夸耀,战胜而不骄傲,战胜只是出于不得已,战胜而不逞强。凡是气势壮盛的就会趋于衰败,因为这不合乎道,不合乎道就会加速灭亡。

**【注释】**

(1)以道佐人主者:道,在此指天下大道。佐,辅助。人主,君主,泛指统治者。意谓凭借天下大道(的内在规律)辅助君主的人。

(2)不以兵强天下:以,依靠、凭借。强,逞强、称雄。意谓不依靠武力逞强于天下。

(3)其事好还:其事,用兵这件事。好,容易。还,回报、回应,引申为报应。意谓用兵好战一定会遭到报应。

(4)师之所处:师,军队,在此指双方军队的战斗。意谓军队打过仗的地方。

(5)荆棘生焉:指用兵打仗一定会疲敝民力,荒废耕作,使得田地颗粒无收,只生长野草灌木。这里老子极力形容战争的恶劣后果,以警醒统治者。

(6)善有果而已:善,善于、擅长。果,效果、结果。已,停止、罢手。意谓要善于做到在取得战争胜利后就结束军队的行动。

(7)不以取强:取强,逞强。指凭借武力逞强称雄,为所欲为。意谓不因为取得战争胜利而四处炫耀武力,称王称霸。

(8)果而勿矜:矜,矜夸。指自高自大,忘乎所以。意谓取得战争胜利但不忘乎所以。

(9)果而勿伐:伐,炫耀。指自我夸耀,自我吹嘘。意谓取得战争胜利但不自我夸耀。

(10)果而不得已:不得已,不得已而为之。意谓要认识到取得战争胜利只是出于不得已,而不能在主观上热衷于征战。

(11)物壮则老,是谓不道:壮,武力兴暴。不道,不合道义。物极必反,盛极必衰。意谓凭借武力称雄,虽能逞强一时,但物极必反,到头来必定会走向反面,招致失败。因为这不合于大道。

(12)不道早已:早已,早死、速灭。意谓从事不符合道义和天下大道的战争,定会招致速亡,很快消逝。

**【新解】**

这一章揭示天道好还,“物壮则老”的规律,阐述不逞强好胜、武力兴暴才合乎天下大道的道理。

“春秋无义战。”据《春秋》记载，春秋时期共242年，列国间战争483次，朝聘、盟会450次，几乎每年发生两场战争。随着礼崩乐坏，周天子对各诸侯国的控制力日渐削弱，诸侯战争频仍，生灵涂炭。观察“争地以战，杀人盈野；争城以战，杀人盈城”的社会现实，老子旗帜鲜明地提出了“以道佐人主者，不以兵强天下”的反战命题，并运用辩证思维方法，对战争作了深入思考，这种思考的成果，集中反映在这一章中。

老子首先鲜明地提出，用天下大道辅佐君主的人，不能凭借武力在天下称王称霸，因为用兵打仗、兼并战争这种事儿，无论正义与否，对百姓皆是一场灾难，正所谓“兴百姓苦，亡亦百姓苦”。用兵打仗应在迫不得已的境况下才能进行，即便打了胜仗也不能就此沾沾自喜，以此而“矜”“伐”“骄”“强”。在老子看来，凡此种种都是“不道”之为，而“不道早已”，只会加速灭亡。

通过正反对比阐述，老子表明了对战争这一特殊事物的基本立场和态度，即尊重生命，珍惜自然，反对和抨击各种形式的战争。当然，对反对侵略与霸凌的正义战争，老子认为是必要的。但从总体看来，老子从天道有好生之德、自然清静无为的原则立场出发，愤怒控诉战争所带来的深重灾难，严厉抨击战争所造成的悲惨后果，进而否定、反对当时社会上流行的争霸兼并战争。这种理念，对后人不无警示意义。

**【名家品评】**

《老子》其言兵之书乎！“天下莫柔弱于水，而攻坚强者莫之能先”，吾于斯见兵之形。

——（清）魏源

《道德经》是一部政治哲学著作，又是一部兵书，由于其中包含着互相矛盾的成分，同儒家有对立的地方，所以后来的法家能吸收其积极因素，改造成新兴地主阶级的政治思想体系。

——郭沫若

# 第三十一章

## 【原文】

夫兵者,不祥之器[1],物或恶之[2],故有道者不处[3]。君子居则贵左,用兵则贵右[4]。兵者不祥之器,非君子之器,不得已而用之,恬淡为上[5]。胜而不美[6],而美之者[7],是乐杀人[8]。夫乐杀人者,则不可得志于天下矣[9]。吉事尚左[10],凶事尚右。偏将军居左[11],上将军居右[12],言以丧礼处之[13]。杀人之众,以悲哀泣之[14],战胜以丧礼处之[15]。

## 【对译】

武力这东西,是不吉利的器物,人们一般都厌恶它,所以有道的人不据有它。君子平时起居就以左位为尊,使用武力时就以右位为尊。武力是不吉祥的器物,不是有道君子的工具,如果不得已要使用它,淡然处之是最理想的。胜利了不要得意,如果得意,这是以杀人为乐。喜欢杀人的人,就不可能在天下得志。吉庆的事以左位为上,凶丧的事以右位为宜。偏将军列左位,上将军列右位,这是所说的作战要依丧礼来处置。杀人众多的场面,要用悲哀的心情来看待,战胜了要依丧礼来处置。

## 【注释】

(1)夫兵者,不祥之器:兵,兵戈、武器,引申为战事、战争。器,器物,引申为事物。意谓战争是不吉利的事物。

(2)物或恶之:物,这里指人。或,也许、通常。之,指兴兵打仗。意谓人们一般都讨厌战争。

(3)故有道者不处:不处,不接近、不沾边。意谓有道之人厌恶战争,不与它同流合污。

(4)君子居则贵左,用兵则贵右:居,家居。贵左,以左为贵。古人以左为阳,以右为阴。阳则生机盎然,阴则呈萧杀之气,所以贵左而贱右。老子认为“兵”为“不祥之器”,所以“贵右”。下文讲“尚左”“尚右”“居左”“居右”也都是这个意思,这是古时候的礼制。意谓君子居处以左方为贵,用兵征战时就以右方为贵。

(5)恬淡为上:恬淡,淡然处之,无所关心。意谓对战争采取冷漠、淡然的态度才是首选。

(6)胜而不美:美,装饰华美,这里指得意洋洋,自以为是。意谓即使赢得战争,也不能洋洋自得。

(7)而美之者:美之,以之为美。之,指取得战争胜利这件事。意谓因取得战争胜利而沾沾自喜的人。

(8)是乐杀人:是,这、这样。乐,以……为乐。意谓这是以杀人为快乐。

(9)则不可得志于天下矣:得志,欲望得以实现,指满足心愿。意谓就不可能在天下得到成功。

(10)吉事尚左:吉事,先秦时期,祭祀、冠、婚、娶等活动称为吉事。尚,崇尚,以……为上。意谓吉庆的事情以左位为上。

(11)偏将军居左:偏将军,偏裨将佐。意谓偏裨将佐列左位。

(12)上将军居右:上将军,军队中发号施令、统率一切的大将或主将。上将军在春秋时也指上军之将(或先头部队主将)。同时,上将军有时还可理解为贤能之将。意谓上将军列右位。

(13)言以丧礼处之:出兵打仗要以丧礼的仪式来对待、处置。

(14)杀人之众,以悲哀泣之:泣,“莅”的误写,应作“莅”,参与、临场。意谓以悲哀的心情临视杀人后的场面。

(15)战胜以丧礼处之:处之,处理它、对待它。意谓战胜之后要以丧礼的仪式来处理对待,千万不要把它视为值得庆贺的事情。

【新解】

老子在这一章承接前章余绪,进一步表述反战思想,说明武力征伐不是治国要道,要像对待凶丧那样对待战争。

老子认为,“兵者,不祥之器”,一般的人尚且厌恶它,学道、悟道、体道之人更不能与它同流合污。正因如此,“君子居则贵左,用兵则贵右”,这里的“用兵则贵右”,鲜明地指出用兵打仗是凶事,不是什么好事,所以以右位待之,以示贬斥鄙薄之意。行道之人恬淡虚静、柔弱俭啬,没有私欲追求,自然要远离战争,即使是进行自卫,抗暴安民,也是迫不得已而用之。即便如此,黎民百姓的生命财产同样会招致巨大损失。因此,即使取得胜利也不值得赞美,如果赞美胜利并且洋洋自得,就说明喜欢杀人,如此是不能得志于天下的。老子大声疾呼:出兵用丧礼,取胜也用丧礼。反战之情,溢于言表。

老子发挥其身为周朝守藏室史、熟悉天下礼仪之所长,以礼仪为譬,形象地阐述了自己的战争理念。在老子看来,“无为,故无败;无执,故无失”(《道德经》第二十九章),而征战杀伐乃“大为”“大执”,因此要尽量避免。高明的统治者应该致力于“无为”,“损之又损,以至于无为”(《道德经》第四十八章),始终以和平理念处理国与国之间的关系。同时,老子也看到了战争的消极后果。“杀人者众”,违背自然天道厚生好德的本性,并酿成尖锐的矛盾冲突,有百害而无一利,所以必须坚决反对。

老子是辩证法大师,他认为事物相互依存、相互转化是矛盾的对立与统一,“坚强者死之徒,柔弱者生之徒”(《道德经》第七十六章),战争的本质是刚强,表现的形式是骚动躁乱,因而它最终会走向反面。因此,对以刚强为本质属性的战争活动应持贬斥态度。

【名家品评】

朕每读《老子》;至“佳兵者不祥之器,圣人不得已而用之”,未尝不三复以为规戒。王者虽以武功克敌,终须用文德致治。

——宋太宗赵光义

《老子》五千言,大抵皆明物理。

——(宋)邵雍

《老子》五千言,以之求道则道得,以之治国则国治,以之修身则身安。

——(宋)李嘉谋

# 第三十二章

## 【原文】

道常无名、朴(1)。虽小(2),天下莫能臣(3)。侯王若能守之(4),万物将自宾(5)。天地相合(6),以降甘露,民莫之令而自均(7)。始制有名(8),名亦既有,夫亦将知止(9),知止可以不殆(10)。譬道之在天下,犹川谷之于江海(11)。

## 【对译】

道永远没有名号,处在真朴的状态。虽然至精至微,天下没有人能够操控并支配它。侯王如果能遵守它,万物将会自动归附。天地间阴阳之气交合,就会降下甘露,百姓用不着指令,大道就会自然均普地养育万物。万物开始出现就有了各种名号,名号既已产生,就会知道适可而止,知道适可而止就可以避免危险。犹如道存在于天下,就像江海为百川所归往一样。

## 【注释】

(1)道常无名、朴:道常,道是永恒长存的。常,永恒。朴,原义为未经加工雕饰的原木,后来引申为事物保持其自然状态或原始面貌,这里是对道的本体的指称。意谓道之本体混沌。老子以无名喻道,朴是比喻无名的状态。

(2)小:原义是“大小”的小,在这里是对道的形容,指称事物的浓缩或精粹。用小来形容道是隐而不可见的。

(3)天下莫能臣:臣,屈从、臣服。意谓天下没有人能够深刻、准确地认识它、支配它。

(4)侯王若能守之:侯王,泛指统治者。守,保持、保有。意谓统治者如果能够遵从道,顺应自然而为。

(5)万物将自宾:宾,服从、归顺。意谓天下万物将自动地宾服于道。

(6)天地相合:相合,合和。意谓天地间阴阳二气交融激荡,催发生机。

(7)民莫之令而自均:莫之令,莫令之。均,协调、调节。自均,自然调节,自我均衡。意谓百姓用不着人为指令,大道就会自然均衡地养育万物。

(8)始制有名:始,指万物的开始。制,作。意谓万物兴作(其中也包括各种政治制度和具体措施),于是产生了各种名号以便加以区分。

(9)夫亦将知止:将,应该。知止,适可而止,即行事有个限度,就应该知道适可而止。

(10)知止可以不殆:殆,危险、衰败。意谓知道适可而止就不会有危险。

(11)譬道之在天下,犹川谷之于江海:这一句应当理解为“道之在天下,譬犹江海之于川谷”。这里,老子以江海喻道,以川谷喻天下万物。意在说明万物同大道的关系,就如同川谷之于江海,是主宰与附庸之间的关系。

【新解】

这一章着重说明“朴”的重要作用。

老子从阐释大道的“无名”“朴”“小”的特性入手，强调统治者认清大道特性，在治国理世过程中持守大道、不离不弃的重要性。

老子认为，大道虽然质朴自然、精微暗昧，似乎不大好认识和把握，但它就存在于大化流行和万事万物中，普天之下的芸芸众生没有谁能够操控它并使它臣服于脚下，而只能认识它并遵循它。肩负治国理世重任的侯王更应当牢牢地持守它，只有这样，万物才会自动归附，天地间的阴阳之气在相互激荡交合中才能呈现和谐状态，百姓在这种和谐状态中才能自给自足，自得其乐。这是一种自然形成的、合乎大道运行规律的“自均”状态，在这种“自均”状态下产生的各种名号、各种政治制度和治理措施也是本来如此、法尔如是的。

在老子看来，这是一种理想的治理状态，达到这种状态之后，统治者要适可而止，不要再突发奇想、造作妄为，而应顺应这种状态的变化，因势利导地向前发展。也就是“夫亦将知止，知止可以不殆”。高明的统治者，要懂得像百川归海那样，带领黎民百姓自然地归附大道，循道而行，和睦和谐。如此，便可天下大治了。

【名家品评】

斯宾诺莎的泛神论和亲近自然的思想，与中国的老子思想有关。

——(德)康德

我不是理论的创立者，我只是个(道家)得道者。我们在这里面临着人类地位所固有的和令人难忘的表现在中国古代(道家)哲学中的一些互补关系。

——(丹麦)玻尔

# 第三十三章

**【原文】**

知人者智[1]，自知者明[2]。胜人者有力[3]，自胜者强[4]。知足者富[5]。强行者有志[6]。不失其所者久[7]。死而不亡者寿[8]。

**【对译】**

了解别人的人叫聪明，能认识自我的人叫高明。胜过别人的人叫有力，胜过自己的人叫坚强。知道满足的人叫富有。坚持力行的人叫有志。不失掉立身根基的人会长久。身死但精神不死的人才是真正的长寿。

**【注释】**

(1)知人者智：知人，认识别人。智，聪明、机智。意谓能了解、认识别人的人才叫聪明、机智。

(2)自知者明：自知，认识自己。明，高明、精明。意谓能认识自我才叫高明，因为“自知”比“知人”更难能可贵，故而“人贵有自知之明”。

(3)胜人者有力：胜人，战胜别人。意谓胜过别人的人才叫有能力。

(4)自胜者强：强，果决、坚强。意谓能够战胜并超越自我的人才是真正有力量，因为最难能可贵的是战胜自己。

(5)知足者富：富，富足、充实。意谓知道满足、适可而止就充实富足。故而吃亏是福，知足者常乐。

(6)强行：应物而动，勤勉力行。

(7)不失其所者久：其所，根本，这里指称道。意谓不丧失道这个根本的人就能长久。

(8)死而不亡者寿：寿，长生。意谓身死但精神不死的人才叫长寿。

喻指大道永远存在。充分反映了老子对自己的道德价值观终将大行于天下,为人们普遍接受的乐观主义精神。

【新解】

老子在这一章从自身修养角度入手,以八句流传千古的至理名言,表达了人人皆得以遵守而又往往做不到的人生哲理,可谓振聋发聩!

老子认为,在个人的品行修养过程中,对外的"知人""胜人"诚然可贵,但对内的"自知""自胜"更为重要。人们常说,最困难的是战胜自己。老子在这里实际上提出了人品修养的最高标准,即具有自知之明和自胜之强。达到了这一人品修养标准,便进入了"涤除玄鉴"、无私无欲、游刃有余的人生境界。便会知足知止,身体力行,终生不会失掉作为立身处世根基的天下大道,即便身体殁没但天下大道也会永远存在,亦即人们常说的精神不死,浩气长存。

老子对人性弱点的把握是非常准确的,他清楚地知道人要做到自知之明、知足知止颇不容易,因为在更多的情况下,人们总是以己之长,衡人之短,自以为是,孤芳自赏。对于这种人性的通病,老子开出了治疗的良方,对人们具有极强的启示意义。

这一章末尾的"死而不亡者寿",则充分反映了老子对自己的道德价值观终将大行于天下、为芸芸众生普遍接受的乐观主义精神。当下海内外一浪高过一浪的学老研老热潮,《道德经》在互联网时代的点击量超过了《圣经》,老子文化能够被不同国度、不同民族、不同肤色、不同语言的人们所普遍接受的现实,雄辩地证明了老子自己就是一位"死而不亡"的人物,他的尊道贵德精神永存!终究是大智慧者,老子2000多年前的预言已然应验,他连同他的思想已经永驻于中华民族的精神世界里,引领着人类文明前进的方向。

【名家品评】

对于生命的意义这一问题，老子作了如是的回答：参与到道中去，以达到本真的境界，这叫永恒，不朽——于倏忽即逝中求得永恒。老子对不朽这一思想表达得极为深刻。

——（德）卡尔·雅斯贝尔斯

道家对直觉智能而非理性知识感兴趣。道家认识到理性思维的有限性和相对性，在基本意义上，它是一条从现世解脱出来获得自由的道路。

——（美）卡普拉

## 第三十四章

【原文】

大道氾兮，其可左右(1)。万物恃之以生而不辞(2)，功成而不有(3)。衣养万物而不为主(4)，可名于小(5)；万物归焉而不为主(6)，可名为大(7)。以其终不自为大(8)，故能成其大(9)。

【对译】

大道漫流广泛啊，周流左右，无所不及。万物靠它生存而它从来不加干涉，成就一切而不居功。养育万物而不自以为主宰，可以称它为“小”；万物归附而不自以为主宰，可以称它为“大”。因为它从不自以为伟大，所以才能够成就它的伟大。

【注释】

(1)大道氾兮，其可左右：氾，同“泛”，泛滥，指水向四面漫流。其可左右，在此指大道无所不至，无所不及。意谓大道漫流广泛啊，无所不及。

(2)万物恃之以生而不辞：恃，依恃、依赖。辞，推辞。不辞，不言不语，引申为不加干涉。意谓万物依靠它而生存，但它从来不加干涉。

(3)功成而不有：有，持有、拥有，此言不居功。意谓成就一切而不居功。

(4)衣养万物而不为主：衣养，养育、庇护。意谓养育、庇护万物而不自以为主宰。

(5)可名于小：小，精微、渺小。意谓大道任物成长，不加干涉和宰制，始终处于无欲无念状态，这种状态，可以被称为精微、渺小。

(6)万物归焉而不为主：归，藏、归附于道。主，主宰。意谓万物皆归附于道并以道作为最后的归宿，而道却不自以为主宰。

(7)可名为大：大，博大。意谓大道无私养育，万物归依，因而称为“大”。

(8)不自为大：不自以为伟大。

(9)故能成其大：大道始终不自以为伟大，这恰好成就了它的伟大。

**【新解】**

这一章老子着重阐释道化生万物、无私无欲的特性，告诫人们只有像道一样无私无欲、无妄无求，才能成就伟大。

老子阐述了道的功能和作用，亦即“万物恃之以生”“衣养万物”“万物归焉”。万物依靠它而生长，它覆育万物，万物归附于它。一切都是顺乎自然的，是依规律而各适其性的，它并不因此而居功自傲，也不因此而自以为主宰。在老子看来，就道不做万物的主宰、始终处于无私无欲状态这一属性而言，它可以被称为精微渺小；由万物都归依于它，但它却不自以为主宰而言，又可以被称为“大”，“小”与“大”构成道的两种属性，相反相成。正因为它不将万物据为己有，不自以为大，没有占有欲和支配欲，所以才成就了它的伟大。

天道如此，人道亦如此。在社会活动中，自处于“小”，不自以为“大”，方能兼容并蓄，海涵一切。聪明的人深谙这个道理，谦卑虚心，胸襟博大,其结果则能“成其大”,成为真正的主宰者。老子在阐释大与小的辩证法的同时,深刻揭示出天下大道周流左右,无所不及,“万物恃之以生而不辞”“功成而不有”“衣养万物而不为主”“万物归焉而不为主”的特性。大道的这种特性,对人生和人们处理与自然界的关系以及治国理世的启示意义是巨大的。

从这一章的阐述不难见出,老子讲道并不只是为了谈论道之玄妙,更重要的是强调道在人生层面上的意义,为人的行动提供形而上的依据。第二十一章中讲“孔德之容,惟道是从”,圣人从道而具有了道的特征。第二十五章中讲“道大……人亦大”,说道之大表现为全,全之大表现为通。第三十八章中讲“上德不德,是以有德”,说圣人不求成为无限之全,而是在失与德(得)的过程中,展现自己的无限,虽然仍为一偏,但却不执一偏,而成为可能向度意义上的全。这就是“以其终不自为大,故能成其大”的道理。

**【名家品评】**

老子所发挥的“不辞”、“不有”、“不为主”的精神,消解领导者的占有欲与支配欲,从“衣养万物”中,我们还可以呼吸到爱与温暖的空气。

——陈鼓应

“道不是人们以前翻译的理性,道是门”。老子哲学是“真正思辨的”,他“完全地和普遍地深入到了存在的最深层”。

——(德)谢林

道家文化不同于西方文化。这对西方文化来说,是一个不可多得的,能使西方文化得以更新的动力和活力的源泉。

——(荷兰)施舟人

# 第三十五章

## 【原文】

执大象[(1)]，天下往[(2)]。往而不害[(3)]，安平泰[(4)]。乐与饵[(5)]，过客止[(6)]。道之出口[(7)]，淡乎其无味[(8)]，视之不足见，听之不足闻[(9)]，用之不足既[(10)]。

## 【对译】

执守大道，天下人都来归附。归附而不互相伤害，人们都平和安泰。音乐和美食，会让过客留步。道说出口来，淡而又淡，毫无味道，看它看不见，听它听不到，用它却用不完。

## 【注释】

(1)执大象：执，守。大象，意谓无形之象，恰如老子所说“大象无形”，这里喻道，指大道。意谓执守大道，掌握大道。

(2)天下往：往，向往、归顺。意谓天下万事万物莫不归附依顺。

(3)往而不害：害，妨碍、伤害。意谓归附依从而互不伤害。

(4)安平泰：安，乃、于是。平泰，平和安泰。意谓于是就平和安泰。

(5)乐与饵：乐，声色。饵，美食。意谓美妙动听的音乐和精美可口的食物。

(6)过客止：意谓音乐和美食虽然能使往来过客为之驻足流连，但终究是暂时现象。

(7)道之出口：出口，用言语表达、言说。意谓天下大道用言语表达。

(8)淡乎其无味：从味觉感受角度而言，大道平淡得辨别不出任何滋味。

(9)视之不足见,听之不足闻:从视觉和听觉感受角度而言,大道看不见,听不到。

(10)用之不足既:既,穷尽。意谓大道虽然是无形无象,无声无息的,但是它却涵容一切,无所不在,恰如老子所言"大道氾兮,其可左右","以其终不为大,故能成其大"(《道德经》第三十四章),它发挥的作用是无穷无尽的。

【新解】

老子在这一章说明需要以持之以恒的态度学道、悟道、体道,摒弃世间偏见流俗,真正进入得道境界,便会终身受用并使天下人归附。

在《道德经》中,只要一论及道,老子总会应用较为抽象的词语来描述道体的模糊抑或混沌,他对道的特征、属性、功能的阐释,也多用抽象语言,这一章仍有这一特点。具体表现为:

一方面,对道的巨大作用的诠释。在老子看来,道是平淡而无穷的。它虽然不像音乐和美食那样,可以刺激感官,引起诱惑,形成欲望,而是无味、无形、无声,难以言说,无法摹状,但却取之不尽,用之不竭。道的功用是在天下万物不知不觉中发挥的,它能使芸芸众生得以率性任真,安居康泰。掌握和遵循道的规律,就能够使百姓归依,平和安宁。

另一方面,对道的形象的描述。老子在第十四章中说"其上不皦,其下不昧","是谓无状之状,无物之象,是谓惚恍";在第二十一章中说"道之为物,惟恍惟惚"。道没有具体的形象,但它又具有象的特征,如老子所说的"冲""盈""谷神""玄牝""其上""其下""混成"等。道似无实有,是无形之"大象"。

对老子所说的"执大象"而"天下往",人们往往难以意识到。这是因为"大象""视之不足见,听之不足闻",需要通过体味"无味"之言才能看到和听到,所以并非每一个人都能看到无形之"大象",听到希声之"大音"。第四十一章说"下士闻道,大笑之",之所以"大笑之",是因为下士只是停留在“无味”之言的表层,未能真正地闻道。同时,“无味”之言不像美食、声色那样对人有很大的吸引力,所以“过客”们往往滞于声色、美食,而不愿在“无味”之言中体味道,因此也就未能“执大象,天下往”。老子因此在第七十章感叹道:“吾言甚易知,甚易行。天下莫能知,莫能行。”然而声色、美食带给人的只是瞬间之乐,只有“味无味”,才能在淡而无味中体味到道的无穷之味,并从这无穷之味中体验到“用之不足既”的永恒的快乐。

【名家品评】

道家思想“综罗百代,广博精微”。

——(清)纪晓岚

老子的功绩在于他在有形的世界的内部和背后发现了一个无形的世界,这个无形的世界存在于事物的深层,其情形往往与有形的世界相反,但它却更重要、更根本,更具决定性的作用,而为常识所不能把握。

——牟钟鉴

## 第三十六章

【原文】

将欲歙之(1),必固张之(2);将欲弱之(3),必固强之(4);将欲废之,必固兴之(5);将欲取之,必固与之(6)。是谓微明(7)。柔弱胜刚强(8)。鱼不可脱于渊(9),国之利器不可以示人(10)。

【对译】

想要让它收敛,必须暂且使它扩张;想要让它削弱,必须暂且使它增强;想要把它废弃,必须暂且使它得到抬举;想要得到它,必须暂且给予它。这就叫作洞察幽微征兆的智明。柔弱能够胜过刚强。鱼儿不能离开深渊,治国安邦的有效手段不可轻易向人炫耀。

【注释】

(1)将欲歙之:欲,想要。歙,收敛、闭合。歙之,使动句式,使……歙,使之得以收敛、闭合。下文“张之”“弱之”“强之”“废之”“兴之”“取之”“与之”句式同。意谓想要使它收敛。

(2)必固张之:固,通“姑”,姑且、暂且。张,扩张、张开。意谓一定会暂且让它张开。

(3)将欲弱之:弱之,削弱。意谓使其遭到削弱。

(4)必固强之:必须暂且使它强盛。意谓让事物盛极而衰,走向反面,然后加以利用和控制。

(5)必固兴之:兴之,使其兴盛、发展。意谓一定会暂且使它兴盛、发展。

(6)必固与之:与,同“予”,给予。意谓一定会暂且使它得到。

(7)是谓微明:微明,隐微而显明,引申为高明微妙的谋略。意谓这就叫作隐微而又显明。

(8)柔弱胜刚强:处于柔弱地位的一方,最终能够战胜处于刚强地位的一方。这是老子从事物总是处于不断变化、循环往复状态出发,从盛极而衰、弱而转强是自然的法则着眼,提出的重要策略思想。

(9)鱼不可脱于渊:渊,深渊,此处泛指水。字面意思是鱼不能离开深渊,其实是喻指人们须臾不能离开道这个本原,不然就会处处碰壁。

(10)国之利器不可以示人:利器,锐利有用的器具,喻指治国安邦的有效手段。示,炫耀、让别人知道。意谓用于治国安邦的有效手段是不能轻易让别人知道的。

【新解】

老子在这一章系统阐释了治国理世的辩证法。他由自然物势说起,最终落脚到治国理世的方法和谋略上。

老子认为,张极必歙,强极必弱,举极必废,予极必夺。也就是说,张是歙的先导,强是弱的前兆,举是废的端倪,予是夺的根苗,这是自然事物发展的大势和运动的规律,即所谓物极必反、对立转化的“微明”之理。任何事物都不是一成不变的,而是始终处于不断变化、互相转化、循环往复状态之中。“高岸为谷,深谷为陵”既是自然界的规律,也同样是社会领域的普遍属性。处于柔弱的一方,只要能真正做到韬光养晦、隐忍待机,不为天下先,以时间换空间,暗中积蓄力量,创造条件,欲擒先纵,后发制人,必定能巧妙地完成优劣态势的转变,化被动为主动,变弱小为强大,最终达到自己的战略目标。

对于老子的这种欲取先予、柔弱胜刚强的思想,中华人民共和国的缔造者,伟大的思想家、政治家、军事家毛泽东是深有所悟的。他在《中国革命战争的战略问题》中指出:“常有这样的情形,就是只有丧失才能不丧失,这是‘将欲取之必先与之’的原则。如果我们丧失的是土地,而取得的是战胜敌人,加恢复土地,再加扩大土地,这是赚钱生意。”这不正是“将欲歙之,必固张之;将欲弱之,必固强之;将欲废之,必固兴之;将欲取之,必固与之”吗?老子要求诸如此类的“国之利器不可以示人”,亦即治理国家的玄机谋略不能随便示人,实为正言反说。老子所倡言的这一治国理世方法和谋略的借鉴意义是巨大的。

【名家品评】

关于丧失土地的问题,常有这样的情形,就是只有丧失才能不丧失,这是“欲将取之必先与之”的原则。

——毛泽东

老子思想深刻可贵处在于从纷乱多样的现象中概括出“无”这一负概念。把负概念给予积极肯定的内容。老子的“无为”,不是一无所为,而是用“无”的原则去“为”。所以能做到有若无,实若虚,以退为进,以守为攻，以屈为伸，以弱为强，以不争为争，从而丰富了中国古代辩证法思想，建立了中国古代贵柔的辩证法体系，与儒家《易传》尚刚健为体的辩证法体系并列。儒道两家这两大体系优势互补，和而不同，丰富了中华民族辩证法文化宝库。

——任继愈

# 第三十七章

**【原文】**

道常无为而无不为(1)。侯王若能守之(2)，万物将自化(3)。化而欲作(4)，吾将镇之以无名之朴(5)。无名之朴，夫亦将不欲(6)。不欲以静(7)，天下将自正(8)。

**【对译】**

道不妄为，就没有什么事情做不成的。侯王如果能持守它，万物将会自行化生。万物化生而有贪欲萌生时，我就用道的真朴状态来定安它。用道的真朴状态来定安它，就是使人不起贪欲。不起贪欲而趋于宁静，天下就会自然而然地安定下来。

**【注释】**

(1)道常无为而无不为：无为，指顺其自然，不有意作为。无不为，没有一件事不是它所为，这是由无为所产生的效果。意谓顺应自然不妄为，则无所不能为。

(2)侯王若能守之：守，持守、坚守。意谓侯王遵循“无为而无不为”的原则处世接物。

(3)万物将自化：自化，自然化育、自生自长。意谓天下万物就会顺应自然自行化生。

(4)化而欲作:欲作,发生、兴起。意谓在万物化生进程中而有私欲产生,欲望萌生。

(5)吾将镇之以无名之朴:镇,压抑并化解各种私欲和由此导致的冲动。无名之朴,没有彼此分别的自然状态,即指道。“无名”是就道的形态而言,“朴”是就道的内涵本质而言。意谓我就用道的真朴状态来化解诸种私欲。

(6)夫亦将不欲:夫亦,发语词,无实义。不欲,没有任何私欲。意谓要摒弃杜绝各种私欲。

(7)不欲以静:不欲,根绝了私欲,无欲无求。以,连词,而、并且。意谓无欲而柔静。

(8)天下将自正:正,安宁、稳定。意谓天下就会自我安宁、稳定。

**【新解】**

老子在这一章由论述“道常无为而无不为”,亦即道总是无所作为,然而又没有什么不是出于它的作为开篇,进而阐释君无为而民自化的道理。

在老子看来,作为统治者,如果能够行大道,不妄为,顺应自然,那么,世间万事万物不受人为干扰,就会自然生长变化,统治者就能够无所不为。即使是出现了个人的私欲和由此导致的冲动,也可以用质真淳厚之“朴”镇定引导。只要百姓没有私欲,回归天性,天下就会自己安定。

这里,应注意老子开篇的总提——“道常无为而无不为”。依传统的《道德经》分篇,上篇37章为“道经”,下篇44章为“德经”,本章已是“道经”的末章,既是对君无为而民自化道理的阐释,更重要的是进一步论证“道常无为而无不为”的道理。因此,“道常无为而无不为”命题的提出,既可以看作是对道的核心、主旨的揭示,又可以看作是对前36章关于道的阐释的概括和总结。

在前36章中，老子从不同层面、不同角度指出了天下大道所独具的永恒性、玄妙性，普遍的适用性，深广的功能性，有无相生性，体用一致性以及无私、无欲、无名、无偏、无功、不争诸种品性。阐释了天下大道的夷、希、微、恍惚、虚极、静笃、朴素、不矜、不骄、不伐、恬淡、柔弱，顺乎自然，在方则方、处圆则圆、法尔如是的形态特征，论述了天下大道与阴阳、天地、万物、德、圣人、侯王的关系，谈论了道术的运用。凡此种种，都是从“道常无为而无不为”这一核心和主旨派生出来的，从某种意义上可以说，“道常无为而无不为”是贯穿于老子天下大道思想体系始终的主线，同时，也是贯穿《道德经》全书的主线。这一主线充分反映了老子追求的不造作妄为、顺任自然而不加干预，让百姓自我化育、自我体现、“不欲以静”的理想的治国理世境界。

【名家品评】

在中国哲学史上，影响最大的思想家，孔子以外，便是老子。老子的贡献，在其宇宙论；其人生论，是从其宇宙论衍来的。他认为宇宙之本根是道，而道是无为的；人应依循道，所以人也应无为。无为是老子人生论之中心观念。

——张岱年

老子把“无为”作为他的代表理论，是《道德经》里出现最多的专有名词。“无为”不能照字面简单解释为“无所作为”。它有着深奥的意义，是老子主要的方法论。

——(美)张绪通

# 德 经

# 第三十八章

## 【原文】

上德不德，是以有德[(1)]；下德不失德，是以无德[(2)]。上德无为而无以为[(3)]；上仁为之而无以为；上义为之而有以为[(4)]。上礼为之而莫之应，则攘臂而扔之[(5)]。故失道而后德[(6)]，失德而后仁，失仁而后义，失义而后礼[(7)]。夫礼者，忠信之薄，而乱之首[(8)]。前识者，道之华[(9)]，而愚之始[(10)]。是以大丈夫处其厚，不居其薄[(11)]；处其实，不居其华[(12)]。故去彼取此[(13)]。

## 【对译】

上德的人不刻意修德，因此真有德；下德的人刻意求德，因此没有进入德的境界。上德的人顺任自然而无心作为；上仁的人有所作为却是出于无意；上义的人有所作为且是出于有意。上礼的人有所作为然而没有人响应，就举起手臂强迫别人顺从。所以失去了道才要讲求德，失去了德才要讲求仁，失去了仁才要讲求义，失去了义才要讲求礼。礼这个东西，标志着忠信的不足，也是祸乱的开端。预设的种种规范，不过是道的虚华，其实是愚昧的开始。因此大丈夫立身淳厚，而不居于浅薄；存心笃实，而不陷于浮华。所以要舍弃薄华的礼而施行厚实的道与德。

## 【注释】

(1)上德不德，是以有德：德，老子思想体系中的基本范畴之一，与道相对而出，是道的具体体现和表现形式，二者是相互依存的。老子把德分为上德和下德。上德是德之最上，即最高层次的德。不德，不刻意标榜自身有德。意谓上德之人不讲究形式上的德，是真正的体道之人，因此，“是以有德”，亦即真正保有德。

(2)下德不失德,是以无德:下德,与上德相对,指不能体道之人,追求的是所谓形式上的德。不失德,不离失德。无德,丧失德、失掉德。意谓出于表现有德的目的而拘泥于死守形式上的德,因此,才是丧失了德。

(3)上德无为而无以为:无以为,指真正的德是不刻意造作的,亦即能体道的上德之人顺任自然而不刻意作为。这是老子心目中的理想层次。

(4)上义为之而有以为:有以为,指虚假的德是有所作为以求表现其德。意谓上义的人刻意作为以表现其虚假的德。

(5)上礼为之而莫之应,则攘臂而扔之:莫之应,莫应之、没有谁响应。攘,撩起、挽起。扔,用强力拽牵,意指强迫人服从。意谓标榜提倡上礼的人刻意作为无人响应,就挽起衣袖,伸出双手拉人,强迫人们服从遵循。

(6)故失道而后德:失,缺失、丧失。意谓丧失了大道然后才有所谓的德。

(7)失德而后仁,失仁而后义,失义而后礼:意谓仁、义、礼都是道、德沦丧后人为的产物,而且每况愈下,一个不如一个。

(8)忠信之薄,而乱之首:忠信,真诚、信用。薄,浅薄、衰减。乱之首,祸乱的根源、祸乱的魁首。意谓(礼这个东西的出现)标志着忠信的衰减和祸乱的开端。

(9)前识者,道之华:前识,指预设种种礼仪规范。者,提顿词,无实义。华,浮华、虚华。意谓预设的种种礼仪规范,都是道的虚华,而不是道的实质。

(10)而愚之始:愚,愚钝。意谓(这才真正是)愚昧的开始。

(11)是以大丈夫处其厚,不居其薄:大丈夫,指真正得道的人。处其厚,立身敦厚。不居其薄,不居于浇薄。意谓真正得道的人处于道的敦厚,舍弃礼的浇薄。

(12)处其实,不居其华:意谓得道之人总是追求内容的朴实而摒弃形式的虚华，自处于厚实的道与德，而摒弃虚华浮夸的礼。

(13)故去彼取此：去，离开。取，选取、趋向。意谓舍弃薄华的礼，施行厚实的道与德。

【新解】

老子在这一章，从道、德与仁、义、礼的对比中，充分肯定以道治国的唯一合理性。

作为德经首章，老子以“上德不德，是以有德”领起，着重阐释德、仁、义、礼四者的不同层次，以德为上，其次为仁，再次为义，最次为礼。德、仁、义、礼不仅相继而生，而且每况愈下。在老子看来，四者之间是有差距的，用“无为”衡量，“无为而无以为”最上，其次是“为之而无以为”，再次是“为之而有以为”，最次是“为之而莫之应，则攘臂而扔之”。

老子抨击了仁、义、礼对自然之道、德的破坏。道与德体用一源，自然如此，无私无欲，先天地生。而仁、义、礼出自人为，后天而生，伤害人的自然天性，是对道、德的根本破坏。因此，即便是那些制定仁、义、礼的所谓先知们，也不过是只看到道的表面的虚华，没有见到道的实质，这已经是愚昧的开始了。所以，真正的得道之人必须摒弃浅薄虚华，选取敦厚笃实。

这一章对德、仁、义、礼四个层次的划分，与第十七章以价值判断为标准对四种不同世代的划分正相对应：“上德无为而无以为”对应“太上，下知有之”；“上仁为之而无以为”对应“其次，亲而誉之”；“上义为之而有以为”对应“其次，畏之”；“上礼为之而莫之应”对应“其次，侮之”。相互对读，可以加深对本章的理解。

当然，还应该看到，老子并没有全盘否定儒家所谓的仁、义、礼，只是老子的思想境界更高，他认为道、德理念是高于仁、义、礼的价值标准，合于“自然”“无为”之道，应当首先提倡并施行，而仁、义、礼是相继次一等的要求，只有不得已才为之。老子强调得道之人总是追求内容的朴实而摒弃形式的虚华，主张重实质而轻形式，这一观点直到今天仍有积极的针砭、警示作用。

人类社会从老子所处的春秋末年发展迄今，虽多倡导“尊道贵德”，实行德治，但远远没有达到，仍然在仁、义、礼甚至主要在礼的层次上徘徊。若遇天灾人祸、杀伐征战，连礼的层次也达不到。由此也可知为什么孔子向老子问礼，老子每次都指出孔子不识时务，实源于老子的思辨层次高出孔子许多，孔子远远达不到老子的层次，故而才有“犹龙”之叹，才有多次向老子问礼求道。老子思想多形而上的阐述，孔子思想多形而下的述说，二者互补，为历代统治者和文人学士学习和借鉴。恐怕老子对高度抽象的“道”不易为世人理解和把握早有预见，所以，在第七十章便指出：“吾言甚易知，甚易行。天下莫能知，莫能行。”不是“莫能知，莫能行”，而是知了不去实行或者只是把老子拿来装点门面，实际施行的却是仁、义、礼层次，甚至连仁、义、礼也算不上的私货，所导致的后果自然是国敝民穷。从这个意义上分析，老子对仁、义、礼大加痛斥就不足为奇了。

**【名家品评】**

不读《老子》一书，不知中国文化。

——鲁迅

《道德经》的意义永无穷尽，通常也是不可思议的。它是一本有价值的关于人类行为的教科书，这本书道出了一切。

——(美)约翰·高尔

# 第三十九章

**【原文】**

昔之得一者(1)：天得一以清(2)；地得一以宁(3)；神得一以灵(4)；谷得

一以盈(5);万物得一以生(6);侯王得一以为天下正(7)。其致之也(8),谓天无以清,将恐裂(9);地无以宁,将恐废(10);神无以灵,将恐歇(11);谷无以盈,将恐竭(12);万物无以生,将恐灭(13);侯王无以正,将恐蹶(14)。

故贵以贱为本,高以下为基(15)。是以侯王自称孤、寡、不榖(16)。此非以贱为本邪?非乎(17)?故至誉无誉(18)。是故不欲琭琭如玉(19),珞珞如石。

**【对译】**

古来凡是得到了道的(就能成功):天得到道就清明;地得到道就安宁;神得到道就灵验;深谷得到道就充盈;万物得到道就生长;侯王得到道就使得天下安定。推而言之,假如天不能保持清明,就要崩裂;地不能保持安宁,就要塌陷;神不能保持灵验,就要消失;深谷不能保持充盈,就要涸竭;万物不能保持生长,就要灭绝;侯王不能保持清静,就要垮台。所以尊贵要以卑贱为根本,高处要以低处为基础。因此侯王自称是孤家、寡人、不善人。这不就是拿卑贱作根本吗?难道不是吗?所以最高的称誉是没有夸誉。因此不愿像美玉般华丽,宁愿像硬石般粗糙坚实。

**【注释】**

(1)昔之得一者:昔,过去、从前。一,指道,得一即得道。老子在《道德经》中多处以“一”指道。意谓古来凡是得到道的(就能够成功)。

(2)天得一以清:以,而、于是。清,温和净明,冲虚空灵,阴阳协调。意谓天得到道,于是就清澈澄明。

(3)地得一以宁:宁,安宁、凝重。意谓大地得到道,于是就厚重安宁。

(4)神得一以灵:神,神祇。灵,灵验、灵妙。意谓神祇得到道,于是就灵验。

(5)谷得一以盈:盈,充盈、充足。意谓深谷得到道,于是就充盈。

(6)万物得一以生:生,滋生、生长。意谓万物得到道,于是就滋生。

(7)侯王得一以为天下正:正,首领,引申为统治。意谓侯王得到道,就能使天下安定。

(8)其致之也:致,推断、推论。意谓推而言之。

(9)谓天无以清,将恐裂:谓,如若、假使。无以,不能够用来。将,就。恐,难免、恐怕要。意谓苍天如不能得道而保持清明,就难免会倾圮。

(10)地无以宁,将恐废:废,震动、崩裂。意谓大地如不能得道而保持安宁,就难免会崩裂。

(11)神无以灵,将恐歇:歇,消失、灭绝。意谓神如果不能得道而保持灵妙,就难免会消失。

(12)谷无以盈,将恐竭:竭,干涸、枯竭,断绝生机。意谓川谷如果不能得道而保持充盈,就难免会干涸。

(13)万物无以生,将恐灭:灭,灭亡、消失。意谓万物如果不能得道而滋生成长,生机就难免会断绝。

(14)侯王无以正,将恐蹶:蹶,跌倒,引申为遭到失败。意谓侯王如果不能得道而保持清静,就难免会招致失败。

(15)故贵以贱为本,高以下为基:以……为,把……作为。所以高贵把卑微作为根本,崇高把低下作为基础。这是老子贵柔守雌思想在社会政治领域中的反映,后人进而从中推导出民本主义主张。

(16)是以侯王自称孤、寡、不穀(gǔ):孤,孤德少仁之人。寡,寡德薄仁之人。不穀,穀同“谷”,不善良、不仁厚之人。“孤”“寡”“不穀”都是春秋战国时期诸侯自称的谦辞。意谓侯王常称自己是孤德少仁、寡德薄仁、不善良仁厚之人。

(17)非乎:假设之辞,难道不是吗?

(18)故至誉无誉:至,极、最。意谓追求过多过高的荣誉等于没有任何荣誉。

(19)是故不欲琭(lù)琭如玉,珞(luò)珞如石:琭琭,珍贵,形容玉的华丽。珞珞，小石块、碎石，形容石块的坚实，粗糙。意谓不愿像华丽的美玉，宁愿像石块般坚实粗糙。老子以美玉、石块譬喻，推崇的仍是致虚守静，“无为而治”的治国理世境界。

【新解】

这一章老子着重阐释了万事万物的统一性，指出对立双方的统一是万物存在的前提与基础。

老子首先强调了道的普遍性、重要性，由对自然界的诸种存在和带来的各种现象的分析入手，步步深入地推及社会政治领域，阐述负有治国理世重任的侯王能否得道，能否以谦下贵柔的态度治国对于天下治理的重要性。在老子看来，天、地、神、谷、万物、侯王，都是来源于道的，如果失去了道，或者背离了道，天、地、神、谷、万物、侯王都将不能存在下去。

如此看来，道自来如此，法尔如是，虽不自诩高贵，但一切高贵的东西都不得不以它为根本、做基础。既然天地万物得道则生存，失道则毁灭，治国理世也是同样的道理。身为侯王应该遵循道的法则，慈爱、俭啬、谦卑，“贵以贱为本，高以下为基”，称孤道寡，自处卑下，态度谦虚，行为恭敬，重视百姓，爱护百姓，这样，才能“天下正”。百姓对于侯王的最好的称誉就是不称誉，他们只知道侯王的存在而已，并未感受到任何压力，这就达到了“无为而无不为”“以百姓心为心”的理想治理境界。

对比一下，老子在第二十八章所说的“知其雄，守其雌，为天下谿”，第六十一章所说的“牝常以静胜牡，以静为下”，第六十六章所说的“是以圣人欲上民，必以言下之；欲先民，必以身后之”等，都是这个道理。

【名家品评】

在世界文明史上，老子是和古希腊苏格拉底、柏拉图比肩的哲学家，《道德经》中蕴含着解决人类发展问题的深邃智慧。文化是人类的公产，老子的思想不仅属于中国，也属于世界。今天，人类正在迈入一个全球化时代,和平、发展、合作成为时代主流,多元文化和平共存、融汇创新是文化发展的必由之路。老子和道学文化既要为世界文化的和平发展提供资源,自身也必须加强国内与国际交流,在充分交流、学习、沟通、合作的基础上寻求发展和创新。

——李景源

说道家思想是宗教和诗人的,诚然不错;但是它至少也同样强烈地是方术的、科学的、民主的,并且在政治上是革命的。

——(英)李约瑟

# 第四十章

**【原文】**

反者道之动(1);弱者道之用(2)。天下万物生于有(3),有生于无(4)。

**【对译】**

循环是道的运动方式;柔弱是道的运用特性。天下万物产生于有,有产生于无。

**【注释】**

(1)反者道之动:反,同“返”,循环。包含两层含义:一是相反、对立面;二是相互转化,循环往复。意谓对立面的存在,它们之间的相互转化、循环往复是道运动变化的基本条件和主要特征。

(2)弱者道之用:弱,柔弱、柔韧。用,作用。意谓柔胜刚,弱胜强,柔弱无为是道发挥作用的主要体现。

(3)天下万物生于有:生,化生、显现、展现。有,指构成物质的基本元素,它是构成万物的基础,又不同于具体的事物。意谓天下万物从有产生。

(4)有生于无:无,指似无而实有的状态。意谓能够产生天下万物的有又是自无产生的。

【新解】

这一章集中阐述了道的运行规律,揭示了深刻的哲理。虽然仅有4句、21个字,但内涵丰富,是理解老子思想非常重要的一章。

老子以高度概括的语言,提出了三个影响深远的命题:“反者道之动”“弱者道之用”和“天下万物生于有,有生于无”,集中说明了道的特征。简言之,“反”即复,相反相成,对立转化,物极必反,回归本原,这是道的循环运动方式。“弱”即柔,道的运动不是以暴烈强迫的方式进行,而是以自然柔和、润物无声为特征。所以道作为天地之始的“无”,产生了作为万物之母的“有”。

具体说来,老子认为事物都是对立的统一,都处于始终不息的运动变化的过程之中,都向自己的对立面转化,既相反相成,又循环往复,这是万事万物运动变化的根本规律,也正是道的本质属性之所在,亦即“反者道之动”。同时,老子也认为,柔弱是道的表现形态,道之体是虚静、恍惚、寂寥,是无忧、无形、无物之“无”,而道之用则是“柔弱”。很显然,体与用是道这个共生体的内外系统结构的辩证统一,亦即“弱者道之用”。

老子在这里对道的功能和作用给予高度凝练的归纳和总结。值得注意的是,老子讲有、无,并不曾把无作为第一性的东西,把有作为第二性的东西,而是把它们看作道的一体两面,既是相互对立的,又是相反相成、能够互相转化的。“有生于无”乃是“有无相生”的一种运用,而且无并不是虚无或纯无,不是无物的意思。天下万物都是永远运动着的一定物质的形态,如以此形态为有,则在此一形态产生之前为无,在此一形态消灭之后亦为无。所以说有生于无,又复归于无,而道则贯穿有无,无始终,无生灭,无增减。一直在“无,名天地之始;有,名万物之母”的循环往复中运动发展着，表现为“天下万物生于有，有生于无”的周流不已的“天道员员，各复归其根”（楚简《老子》第一篇第三章）的宏阔进程。

老子提出了道化生万物、为万物之本的基本原理，指出世界的本源是从无开始的，从无到有，由有产生整个世界。老子的上述论断，也为现代“宇宙大爆炸”的研究成果所证实。老子以短小的篇幅及寥寥 21 个字，既反映了大化流行得以产生发展的本体论、本源论，又揭示了朴素的辩证法，向人们提供了观察世界、认识世界、掌握大化流行基本规律的世界观和方法论，应当引起我们的高度关注。

应当指出的是，1997 年在湖北荆门郭店战国楚墓出土的竹简《老子》，对“天下万物生于有，有生于无”的表述为“天下之物生于有、生于无”，这一表述与传世本《道德经》的表述有重大区别，“因为前者是属于万物生成论问题，而后者是属于本体论范畴。从《老子》整体思想来看，当以简本为是”（陈鼓应：《老子今注今译》，商务印书馆 2003 年版，第 227—228 页）。依简本表述可见，本章在老子思想体系中占有重要地位，每句皆为一个新命题，既是本体论，又是本源论，充满了茫无际涯大化流行背景下的辩证思维。

**【名家品评】**

中国哲学史是中华民族的认识史，多年来一直沿着这条路考察中国哲学的发展、变化，踪迹昭然、历然。老子首先提出了“无”作为最根本的范畴，是中国哲学史的第一座里程碑。

——任继愈

现代物理学大厦就建立在一无所有上，从一无所有导出了现在的所有，没想到的是，近代西方历经数代花费大量物力财力才找到的结论，在中国的远古早已有了思想的先驱（这里讲的“在中国的远古早已有了思想的先驱”是指《道德经》中的“天下万物生于有，有生于无”的伟大的“道”的思想。惠勒教授提出的“质朴性原理”，与老子所谓“道”的质朴性是不谋而合的。——引者)。

——(美)约翰·惠勒

## 第四十一章

**【原文】**

上士闻道[1],勤而行之[2];中士闻道,若存若亡[3];下士闻道,大笑之[4]。不笑不足以为道[5]。故建言有之[6]:明道若昧[7];进道若退[8];夷道若颣[9];上德若谷[10];大白若辱[11];广德若不足[12];建德若偷[13];质真若渝[14];大方无隅[15];大器晚成;大音希声[16];大象无形[17];道隐无名[18]。夫唯道,善贷且成[19]。

**【对译】**

上士听到了道,就勤快地实践它;中士听到了道,对它半信半疑;下士听到了道,对它哈哈大笑。不被无知妄人嘲笑,就不足以称为道。所以古时候立言的人说过这样的话:明显的道呈现着暗昧的样子;前进的道呈现着后退的样子;平坦的道呈现着崎岖的样子;崇高的德呈现着川谷卑下的样子;最纯的白呈现着含垢污黑的样子;广大的德呈现着非常不足的样子;刚健的德呈现着怠惰的样子;质朴纯真呈现着犹疑的样子;最大的方正没有棱角;最大的器物最后完成;最大的声音几乎没有音息;最大的形象不见任何形迹;道幽隐无形而没有名称。只有道,善于资助万物并成就万物。

**【注释】**

(1)上士闻道:上士,上等的士人、优秀的人物。春秋时期社会上依不同身份分为五个等级,即诸侯之上大夫卿、下大夫、上士、中士、下士。

老子此处是借用当时的社会等级，比喻对道的理解与掌握程度不同的人们。闻道，听说道，这里指对待道的态度。意谓上士听到道的道理。

(2)勤而行之：意谓积极去身体力行，践行道的原则。

(3)若存若亡：若，像……的样子。存，有、存在。亡，无、不存在，似有似无的样子。意谓对道持将信将疑的态度。

(4)大笑之：之，指代道。指一般的庸人对道知之甚少，认为道空洞而不切实际，故而愚妄无知，对道加以嘲笑。

(5)不笑不足以为道：意谓道若不被无知妄人所嘲笑，也就不足以称其为道了。

(6)故建言有之：建言，立言，这里指古人所立之言，即古代流行的格言。之，代词，指代下文所引的古代格言。

(7)明道若昧：昧，幽昧、昏暗。意谓光明的道表面上看去好像是幽昧昏暗的样子。

(8)进道若退：意谓前进的道表面上看去仿佛是后退的样子。

(9)夷道若颣(lèi)：夷，平坦。颣，不平、坎坷。意谓平坦的道表面上显现为崎岖坎坷的样子。

(10)上德若谷：意谓崇高的德表面上好似山谷卑下的样子。

(11)大白若辱：辱，污黑，为"黷"的假借字。直解为最纯的白犹如含垢污黑的样子，引申为最纯洁的心灵好似含垢的样子。

(12)广德若不足：意谓最博大的德却表现为非常不足的样子。

(13)建德若偷：建，通"健"。偷，作"惰"解，怠惰、疲软。意谓刚健的德好似懈怠的样子。

(14)质真若渝：渝，改变、不坚定。意谓质朴纯真好像犹疑的样子。

(15)大方无隅：隅，角落、边角，引申为棱角。意谓最方正的东西反而没有棱角。

(16)大音希声：希，少、没有。意谓最大的乐声反而听来没有音响。

(17)大象无形：意谓最大的形象反而是没有具体的形象。

(18)道隐无名:隐,幽隐。意谓道幽隐精微无法用具体的名相来称谓。

(19)善贷且成:贷,施与、资助。意谓道善于施与,推动万物使之走向成功。

【新解】

这一章老子着重阐述事物的实质与表面现象的差别,引导人们透过表象,抓住本质,更好地学道、悟道、体道。

老子以他常用的、朴素辩证的语言,阐述分析了道和德的基本属性,并着重对道的幽隐特征作了形象生动的比喻。透过“上德”“大白”“广德”“建德”“质真”“大方”“大器”“大音”“大象”在不同情势下所独有的形态和抱朴守真、不事张扬的样式,能够直观而又形象地感悟到道。

在老子看来,“明道若昧”,“道冲,而用之或不盈”(《道德经》第四章),空虚实用;道,“迎之不见其首,随之不见其后”(《道德经》第十四章),无影无踪;道,“微妙玄通,深不可识”(《道德经》第十五章),俭啬内敛。因此,道的现象和实质似乎是矛盾的,不易为一般人认识把握,这就如同“大白”“大方”“大器”“大音”“大象”的“若辱”“无隅”“晚成”“希声”“无形”一样。所以说,“道隐无名”“明道若昧”。但是,道却“善贷且成”,在幽隐不显中,自然而然地养育成就了万物。

由老子的阐述不难看出,道与德的存在形式和道与德所发挥的在无私无欲、法尔如是中滋养万物、资助万物的作用似乎是矛盾的,实质上则是和谐统一的。道既幽深莫测而又伴随左右,既有形而无,又无形而有。道的本质是深邃、内敛、冲虚、含藏,它的显现不是外炫的,而是返照的,非寻常人所能察觉。正因为如此,在对道的体悟修养上,才有“上士”“中士”“下士”不同层次人的不同反应与不同做法。只有真正认清了“明道若昧”,把握住了天下大道幽隐未现、无法以形体求见的本质特征,才能把体道与修德辩证统一起来,避免停留在“下士”之人的浅薄层面,而取

“上士”之人对道的态度，谦逊虚心，不露锋芒，不事张扬，锲而不舍地勤快地实践道的主张。

【名家品评】

言至道无如五千文。

——(宋)苏辙

看过《道德经》的人，第一反应，便是大笑；接着就开始自嘲似的笑；最后才大悟，这才是目前最需要的教训……相信大半读者第一次读老子的书时，第一个反应便是大笑吧！我敢这么说，并非对诸位有何不敬之意，因为我本身就是如此。

——林语堂

## 第四十二章

【原文】

道生一(1)，一生二(2)，二生三(3)，三生万物(4)。万物负阴而抱阳(5)，冲气以为和(6)。

【对译】

大道独立无偶，衍生出混沌未分的一，混沌未分的一产生天地，天地产生阴阳二气，阴阳二气相交融而形成各种新生体。万物背负着阴而向着阳，阴阳二气相互交冲而形成和谐状态。

【注释】

(1)道生一：一，指称元始、混沌的统一整体。由于道是独立无偶的，故用数字来表示，称为“一”，在老子看来，“一”即“道”。

(2)一生二:二,由混沌整体分化裂变产生的天、地,天、地产生阴、阳二气。

(3)二生三:三,指称阳气、阴气、和气,意谓天、地产生的阴阳二气交合形成了和气状态。

(4)三生万物:阳气、阴气、和气相互冲摇激荡,促使万物繁衍生长,以至于无穷,故谓"三生万物"。

(5)万物负阴而抱阳:负、抱都是怀抱、包含的意思。意谓万事万物本身都存在着阴阳对立、相互包含、相互转化的两个方面。

(6)冲气以为和:冲,交冲、激荡。意谓阴阳二气相交冲而形成和谐状态。

**【新解】**

这一章老子着重讲道化生万物,也就是宇宙生成的过程,可以将其视作最古老的宇宙生成模式。

老子认为,道是一个唯一的、独立存在的混沌整体,由道而生出天地,蕴涵着阴阳二气,阴阳二气互相交冲、激荡而形成和谐之气,三者运动变化的结果,产生了万物。与《道德经》第一章所说的"无,名天地之始;有,名万物之母"对读,可以清楚地看出,老子是以形象直观的语言,在描述宇宙生成、演化的全过程。老子的宇宙生成论,实质上是道创生万物论,表现为由抽象到具体、由简单到复杂的不断分化、繁滋。这一理念,为人们较为准确地从宏观层面认识和把握大化流行的始源、发展,具有重要的借鉴价值。

老子所揭示的阴阳二气互相交冲、激荡形成和谐之气,阳气、阴气、和气三者运动变化产生万物的进程,即是茫茫宇宙、自然界、人类社会演化发展的进程。唯有阴阳和谐,才能接续发展;唯有阴阳和谐,才能万物茁壮;唯有阴阳和谐,才能"甘其食,美其服,安其居,乐其俗"(《道德经》第八十章)。应当说,老子的"万物负阴而抱阳,冲气以为和"的理念,是当今正确处理人类与自然界的关系，构建人类命运共同体，实现人类社会和睦和平的最古老的理论来源之一。

【名家品评】

老子言道演化而生万物，其间有象之一境，此亦老子所特创之新说，为《庄子》书所未及，故象之一字，亦《老子》书所特用之新名也。若循此求之，《老子》书中所举有无曲全，大小高下，动静强弱，雌雄黑白，荣辱成败，种种对称并举之名，实皆属象名，非物名也。以近代语释之，此等皆为一种抽象名辞。然则老子之意，乃主天地万物生成，先有抽象之表现，乃始有具体之演化者。

——钱穆

老子把道同神秘主义者对神的典型追求联系起来：道是唯一永恒的，因而是绝对宝贵的；它既是秩序，也是生万物的实在根基，也是一切存在的永恒原型的总体。

——（德）马克斯·韦伯

## 第四十三章

【原文】

天下之至柔，驰骋天下之至坚[(1)]。无有入无间[(2)]，吾是以知无为之有益[(3)]。不言之教，无为之益，天下希及之[(4)]。

【对译】

天下最柔弱的东西，能驾驭天下最坚硬的东西。无形的力量能够穿透没有间隙的东西，我因此懂得了不有意作为的益处。不发一语的教导，不有意作为的境界，天下很少人能够达到。

【注释】

(1)天下之至柔,驰骋天下之至坚:至柔,最柔弱。指称最柔弱无力的东西,如水、气等物。驰骋,使……奔驰、驱使。本义是策马奔驰,疾行飞奔,引申为战胜、控制、驾驭。至坚,最坚硬。指称最为坚硬、牢固的东西,如金、石等。意谓天下最柔弱的东西能穿透天下最坚硬的东西。

(2)无有入无间:无有,无形,指无形之道。无间,没有空隙,指有形之物。意谓无形无踪的力量,往往能够穿透没有任何空隙的东西。

(3)吾是以知无为之有益:是以,以是、凭借这些。知,认识、了解。益,益处、利益。意谓我凭借着这些认识到施行无为政治所带来的益处。

(4)天下希及之:希,通"稀",稀有、极少。及,赶上。意谓普天之下几乎没有什么能赶得上施行"不言之教"的效果。

【新解】

这一章意在强调柔弱的作用和无为的效果,并以此说明不言之教、自然无为的好处。

老子通过认真观察自然界、人类社会的诸种现象,提出了柔弱胜刚强的精辟理念,并由此生发开去,落脚到无为之治的作用与效果上。的确,天下最柔弱的东西,能够驾驭天下最坚硬的东西。电能透过金石,风能穿透肌肤。坚硬的石头,是谁让它风化、碎掉的?是风,是光,是看不见的柔弱之物。庞大如大象,可以踏平房屋,可是无奈于一群蚂蚁;人能够战胜最强大的对手,可是对潜伏体内的病菌有时候也束手无策。

由此可见,人生在世,不可以强硬的姿态出现,切忌锋芒毕露,咄咄逼人,也不能汲汲于争强好胜,而应该效法天道的至柔去处世立身。当然,这种柔并非柔弱无能,而是建立在明白天道基础之上的顺应自然,服从物理人情,形式上虽是柔顺的,但本质上却蕴含着至大至刚,如此,才具有不可战胜的力量。

至柔和至刚是辩证统一的。对于治国理世者而言,以至柔之法治国,就要施行无为之治,切忌造作妄为,不知退守。老子认为:“吾言甚易知,甚易行。天下莫能知,莫能行。”(《道德经》第七十章)自然无为的道理本不难理解,也不难实行,只是由于人们竞奔于占有的跑道上,企图跑到无限或不断地接近无限,因此对无为之益不以为然,所以老子说“天下希及之”。

老子的这个论断是非常富于预见性的,不说历朝历代多有造作妄为的统治者出现,时至今日,世界上不仍然有以霸权思维、强权态势处理国际关系的妄为国家和不顾环境恶化、生态危机而追求经济利益的人吗?这些霸权国家和片面追求经济利益最大化的人的确应该认真反思自己的所作所为,深入领悟老子所谓的“不言之教,无为之益”。

【名家品评】

道家无为,又曰无不为,其实易行,其辞难知。其术以虚无为本,以因循为用。无成势,无常形,故能究万物之情。不为物先,不为物后,故能为万物主。有法无法,因时为业;有度无度,因物与合。

——(汉)司马谈

老子修道德,其学以自隐无名为务。……李耳无为自化,清静自正。……老子所贵道,虚无,因应变化于无为,故著书辞称微妙难识。庄子散道德,放论,要亦归之自然。申子卑卑,施之于名实。韩子引绳墨,切事情,明是非,其极惨礉少恩。皆原于道德之意,而老子深远矣。

——(汉)司马迁

# 第四十四章

【原文】

名与身孰亲[1]？身与货孰多[2]？得与亡孰病[3]？甚爱必大费[4]；多藏必厚亡[5]。故知足不辱，知止不殆[6]，可以长久。

【对译】

名声与身体，哪一个更值得亲近？身体与钱财，哪一个更值得重视？求取名利与丧失自我，哪一个损害更大？过分喜好一定会极度劳心费神；过多敛藏一定会招致惨重损失。所以知道满足就不会受到羞辱，知道适可而止就不会碰上危险，这样就能够保持长久。

【注释】

(1)名与身孰亲：名，声名、名誉。身，身体，引申为生命、自我。孰，哪一个。亲，亲近、珍爱。意谓名与身哪个更值得亲近。

(2)身与货孰多：多，这里的多，不是多少的多，而是轻重的重，引申为尊重、重视。意谓身与货哪个更值得重视。

(3)得与亡孰病：得，在此指求取名利。亡，在此指丧失自我。病，有害、损害。意谓求取名利与丧失自我相比较，哪个损害更大。

(4)甚爱必大费：甚，过分、过度。爱，喜好。引申为吝啬。费，劳心费神。意谓过分喜好必然会极度劳心费神。

(5)多藏必厚亡：藏，储藏、占有。厚，多，引申为严重、惨重。亡，丧失、失去。意谓敛藏搜刮毫无节制必定会招致惨重的损失。

(6)知止不殆：殆，困乏、疲惫，引申为危险、败亡。意谓知道适可而止就不会有危险。

【新解】

老子在这一章以辩证说理的表达方式，阐述只有善于知足知止，才能保持长久与平安。

春秋战国处于社会大变动的时期，“社稷无常奉，君臣无常位”的无情现实，给人们的心理与思想造成极大冲击，也引得生逢乱世的思想家们着力探讨形成这种状况的原因。老子的探讨是别有新意的，他首先列举关乎人生抉择与修身自励的三个重要问题，即名誉与生命、生命与财货、获得与丧失，分析哪个更重要、更有价值。

在老子看来，天下大道真朴无欲，人们修身也当少私寡欲。名誉、财货皆为人之私欲所求，如果过分爱惜并追求虚名，为谋取虚名而殚精竭虑，身为名驱，心为形役，甚至人为财迷、人为财奴、人为财死，便会极大地耗费生命，终至招致巨大而沉重的损失。

老子认为，势位富贵，名缰利锁，已使无数私欲狂者乱性败德，人们只有做到贵生重己，适可而止，知足常乐，才能远离祸害，免却灾难。老子在当时所发出的“甚爱必大费，多藏必厚亡”“知足不辱，知止不殆，可以长久”的人生忠告，即便在当今，仍有振聋发聩、警醒世人之效。对于那些整日汲汲于名誉地位，在名利场里来回折腾，在灯红酒绿中不能自拔的人，老子的告诫更值得借鉴。从某种意义上说，知足知止，急流勇退是一种大智慧。但是言者谆谆，听者藐藐，无数自取其辱、自招灾祸的人生悲剧，正产生于不知足、不知止、欲壑难填、人心不足蛇吞象。

【名家品评】

以老庄为体，禹墨为用。

——(清)曾国藩

老子的又一重大贡献是提出“反”的观念，“逝曰远，远曰反”。“反者道之动”。这反的观念即西方近代哲学所谓“否定性”。提出反的观念也是思维发展上的一次突破。老子揭示事物向反面的转化,“物或损之而益,或益之而损”。“祸兮福之所倚,福兮祸之所伏”。幸福可能转化为灾祸:“金玉满堂,莫之能守;富贵而骄,自遗其咎。”“甚爱必大费,多藏必厚亡。”谦卑可以达到保全:“曲则全,枉则直,洼则盈,敝则新;少则得,多则惑。”老子的这些思想表现了深刻的智慧。

——张岱年

# 第四十五章

## 【原文】

大成若缺(1),其用不弊(2)。大盈若冲(3),其用不穷(4)。大直若屈(5),大巧若拙(6),大辩若讷(7)。躁胜寒(8),静胜热。清静为天下正(9)。

## 【对译】

最大的圆满好像有缺陷,但它的作用不会衰竭。最大的充实好像很空虚,但它的作用不会穷尽。最挺直的好像弯曲,最灵巧的好像笨拙,最善辩的好像口讷。疾走可以克制寒冷,安静可以化解炎热。清静自守可以成为天下人的楷模。

## 【注释】

(1)大成若缺:大成,原指为完整的乐曲,古乐一变为一成,九变而乐终,九成完毕称为大成。这里引申为最完美的事物。缺,缺憾、欠缺。意谓最完美的事物仿佛有缺陷。

(2)其用不弊:弊,损坏、败坏。意谓它的功用不会败坏。

(3)大盈若冲:冲,解作“虚”,空虚的状态。意谓最大的充实仿佛很空虚。

(4)其用不穷:穷,衰竭、穷尽。意谓它的作用永远不会衰竭。

(5)大直若屈:屈,弯曲。意谓最挺直的外在表现仿佛弯曲。

(6)大巧若拙:拙,笨拙。意谓最灵巧聪明的好像表现为笨拙愚钝。

(7)大辩若讷:讷,木讷、不善说话。意谓最善辩的好像是口讷。

(8)躁胜寒:躁,疾走、快速运动。胜,克制。意谓疾走可以克制寒冷。

(9)清静为天下正:为,则、而。正,使人正。引申为模范、楷模。意谓若能做到清静自守,便可以使万物自化,从而成为天下人的楷模。

**【新解】**

这一章老子明确要求应从整体视角把握动静之间的关系,提出只有清静自守,自化万物,才能够成为天下人的楷模。当然,这主要是针对统治者说的。

对于这一章老子所阐述的观点,可以从两个方面来理解:一方面,从修身角度看,老子是在论述人品修养。道的法则,要求内敛俭啬,反映在人品修养上,就是所有的“大成”“大盈”“大直”“大巧”“大辩”的内涵,都是以“缺”“冲”“屈”“拙”“讷”的形式表现出来的。不自吹,不自是,不炫耀,不矜持,以卑下的姿态为人处世,方能成为天下人的楷模。另一方面,从方法论角度看,老子在这里为人们提供了一种屡试不爽的思维方法。这就是,任何事物都是现象与本质的统一,高明的人要善于在实际生活中透过各种眼花缭乱的表象,洞悉事物的本质属性,从而在社会实践活动中洞察先机,争取主动,建功立业。

同时,应当注意老子对静的强调。老子重视静,认为静有很多功能,认为它能克制欲、骄、急等情绪。静是一种力量,没有静,就没有动,就没有事物的生生灭灭。经过静,事物的动才有力量。静更是一种智慧,人们常有这样的感受,被某事困扰了,此刻如能入静、致静,智慧的灵光就会闪现,克服困难的办法便会随之而来。

总之,老子以朴素辩证的观点观察分析事物的属性与优劣,告诉人们如何去伪存真、由表及里地判断与把握事物的本质,对人们的自身修养和待人接物颇有教益,对治国理世者在社会管理中处理好静与动的关系,在无为中蕴有为,在有为中含无为,也有积极的启示。

【名家品评】

夫《老子》一书,文辞简质,旨趣遥深,道家思想,斯为初原,华夏旧籍,斯为珍品。战国之世,庄周时畅其义,韩非择解其文,他书引而释之,亦颇散见。……故老子古义,居今难见其全。

——高亨

老、庄所创始的道家是中国哲学的主干。……中国传统哲学的主要概念和范畴,多渊源于道家。如“无”、“有”,“道”、“器”,“无极”、“太极”,“太一”、“天理”,“大化”、“自然”,“无为”、“有为”,“精”、“气”,“变”、“常”,“虚”、“实”,“动”、“静”等,都创始于老、庄。

——陈鼓应

## 第四十六章

【原文】

天下有道(1),却走马以粪(2)。天下无道,戎马生于郊(3)。咎莫大于欲得(4);祸莫大于不知足(5);故知足之足(6),常足矣(7)。

【对译】

天下有道的时候,战马用来运粪耕田。天下无道的时候,战马就在战地的郊野出生。过错,没有比贪得无厌更大的,祸患,没有比不知满足更大的;所以知道满足的这种满足,是永远的满足。

【注释】

(1)天下有道:指国家政治清明,天下承平,百姓安居乐业。

(2)却走马以粪:却,撤还、退回。走马,疾驰奔跑的马,在此指战马。粪,施肥,在此指耕种。意谓将战马从战场上撤回来,交还给农夫,用来垦地种田。

(3)戎马生于郊:戎马,战马。郊,两国相交处,在此指战地。意谓战事频繁,公马不能满足征战的需求,以致征用怀胎的母马,结果在郊外的战场上产下小马驹。

(4)咎莫大于欲得:咎,过失。于,比。莫大于,没有比……更大。欲得,贪得,指贪得无厌。意谓在所有过失中,没有比贪得无厌更大的了。

(5)祸莫大于不知足:祸,灾难、危害。意谓危害没有比不知道满足更大的了。

(6)故知足之足:意谓知道满足的这种满足。

(7)常足矣:意谓永远的满足。

【新解】

老子在这一章通过天下“有道”和“无道”所带来的不同结果的鲜明对比,阐明“欲得”“不知足”的危害,得出知道满足的这种满足,是永远的满足的结论。这些,集中反映了老子鲜明的反战思想和对个人修身养性的要求。

在老子看来,战争是巨大的灾难,是严重的罪过。当时社会上之所以会出现征战不休、兵连祸结的“无道”现象,原因就在于那些统治者受贪得无厌的欲望驱使,汲汲于私利,而不能够做到清静无为。为此,老子苦口婆心地提醒那些被利益冲昏了头脑的统治者:“知足之足,常足矣。”

老子通过冷静观察和深入分析春秋末年战乱频仍的社会现状,认识到社会上的一切纷争皆起源于人们的“不知足”，而战争的根源乃是统治者的不知足、贪得无厌，从而指出这种贪欲和不满足的心理是最大的祸患。这种对战争起因加以探讨总结的情况表明，老子不但旗帜鲜明地反对战争，而且已经开始注意寻找消弭战争的根本途径了。

对战争而言是如此，对个人的修身养性也是如此。人生最大的祸患就是不知足，人生最大的过失就在于贪得无厌，正因为贪欲不止，故而妄生是非，损人利己，积恨积怨，酿成祸端。在现实社会中，面对诸多诱惑和各种利益，一些人孜孜于“欲得”，留恋于“不知足”，最终得咎、惹祸，“一失足成千古恨”，其中的教训是深刻的。

本章的“咎莫大于欲得，祸莫大于不知足”系据楚简本上下互移，王弼本中是“祸莫大于不知足，咎莫大于欲得”。依陈鼓应的见解：“简本句序优于他本，因简文第三句‘祸莫大于不知足’，与下文‘知足之足，此恒足矣’正相接连，文义较完整。”（陈鼓应：《老子今注今译》，商务印书馆2003年版，第246页）

**【名家品评】**

案道家立法，厥有三品，上标老子，次述神仙，下袭张陵。

——（南朝梁）刘勰

细读中国几千年的历史，会发现一个秘密。每一个朝代，在其鼎盛的时候，在政事的治理上，都有一个共同的秘诀，简言之，就是“内用黄老，外示儒术”。自汉、唐开始，接下来宋、元、明、清的创建时期，都是如此。内在真正实际的领导思想，是黄（黄帝）、老（老子）之学，即是中国传统文化中的道家思想。而在外面所标榜的，即在宣传教育上所表示的，则是孔孟的思想、儒家的文化。但是这只是口号，只是招牌而已，亦可以旁借“挂羊头卖狗肉”的市井俚语来勉强比拟，意思就是，讲的是一套，做的又另外是一套。

——南怀瑾

# 第四十七章

【原文】

不出户(1),知天下(2);不窥牖(3),见天道(4)。其出弥远,其知弥少(5)。是以圣人不行而知(6),不见而明(7),不为而成(8)。

【对译】

不出房门,能够推知天下的事理;不望窗外,能够了解自然运行的法则。走出户外愈远,对道的认识愈少。因此圣人不经历却能感知,不亲见却能明晓,不有意作为却能成功。

【注释】

(1)不出户:出,离开。户,大门、家门。意谓不走出大门,独居内室。引申为与世隔绝。

(2)知天下:遍知天下事,了解一切情况。

(3)不窥牖(yǒu):窥,从小孔隙里向外看。牖,窗户。意谓不朝窗户外观察,意与“不出户”同。

(4)见天道:见,认识、了解。天道,指自然规律。意谓了解和认识日月星辰运行的规律。

(5)其出弥远,其知弥少:出,外出。弥,更加、愈。知,认知、知晓。意谓走得越远,对各种事物皆一掠而过,没有反观内照的功夫,反而知道的东西越少。

(6)是以圣人不行而知:是以,因此。行,行动,这里指经历。意谓圣人修德悟道,具有反观内照的功夫,表面上看来不外出,不事事亲力亲为,但也能了解和认识一切。

（7）不见而明：意谓不用观察事物就可明晓其内在的奥妙。

（8）不为而成：不为，不作为、无为。成，成就一切。意谓不刻意作为却能够成就一切，亦即“无为而无不为”。

【新解】

有论者认为，老子的认识论是先验论，老子认为人的知识不是从实践中来的，根据便是这一章。其实，老子在这一章是针对天下、天道说理的，属于理性认识的范围。理性认识不能停留在感性认识上，得从感性认识上升华，因此纯凭感觉经验是靠不住的。正是在这个意义上，老子才要求“不出户”“不窥牖”，出户窥牖极易陷入感性认识里去。但人们对天下和天道的认识，仅凭感性的认识是办不到的。可见，老子并没有否定感性认识，也不是说认识可以不从丰富的社会生活实践中来，只不过是通过这一章的分析阐述，强调对天下、天道的认识，理性认识比感性认识更重要。

同时，这一章老子着重阐释知和行的关系，强调这种关系不是统一的，知强于行。提出这一见解，与老子所一贯强调的道的功用是分不开的。在老子看来，道是万物的本原，掌握了道就可以洞察一切，而对道的认知，必须“涤除玄鉴”（《道德经》第十章），自省感悟。只有内心纯净，质朴敦厚，加强修养，认真体悟，才能明道，并准确地观照外物，取得“不出户，知天下；不窥牖，见天道”的效果。外出游历，虽也见多识广，但接触形形色色的事物，获取各种各样的知识，良莠不齐，是非混淆，便会机心加重，进而污染心灵，使得耳目蒙蔽，视听混淆，不辨真伪，不仅不能够悟道明道，反而会远离大道。

老子认为，在认识上仅凭感性经验是靠不住的，是无法深入事物内部抓住事物本质的，要注重内在直观自省基础上的理性认识。因为圣人与世俗之人有完全不同的认识观和认识路径。世俗之人强调亲见亲行、亲力亲为，常常以自己的所见所闻为事实、为依凭。由于他们无法从繁杂纷乱的事物和信息中分辨现象与本质，不能掌握事物的发展规律和趋势，因此,走的路越多,看到和听到的事儿越多,所获得的真知反而越少;走的路越远,离真理也反而越远。圣人的认识观,则是注重分清事物的现象和本质,并善于透过现象认识事物的本质,进而掌握万事万物变化发展的规律。这样不但能获得对事物、对社会的真知灼见,甚至可以做到不出户而能知天下事,并进而悟出天道。

老子在本章的论述,并非只强调理性思维而忽视甚至否定感性经验,否定实践活动的重要作用,而是提倡追求一种建立在丰富阅历和实践经验基础上的,经由学道、悟道、体道途径而达到的“抱朴守静”“尊道贵德”“被褐怀玉”的人生境界。老子强调知,并未放弃行,而是一种更高层面的知和行。

**【名家品评】**

余以为《道德经》五千言,古之哲学诗也。既曰诗,即必可以歌,可以诵;其疾徐之节,清浊之和,虽不必尽同于《三百篇》,而或韵或否,则固有合于诗之例焉为无疑。

——朱谦之

老子是中国第一个哲学家,他的哲学体系在中国古代哲学史中是伟大的。不仅在中国古代,就是列在世界古代哲学史里也是伟大的。但是他的哲学亦非绝无依傍的,他是吸收先民中唯物的、辩证的思想,创造性地组成一个精密的体系。老子之道术,对他以后之思想界,影响至巨。以其承先,故能启后,以其承先之厚,故其启后乃深。

——詹剑峰

# 第四十八章

## 【原文】

为学日益[1]，为道日损[2]。损之又损[3]，以至于无为。无为而无不为[4]。取天下常以无事[5]，及其有事[6]，不足以取天下[7]。

## 【对译】

研究世俗学问伪诈奸邪一天天增多，修行自然天道私欲私爱一天天减少。减少之后还要减少，一直到不造作妄为的地步。顺应自然不妄为就能够无所不为。治理天下不要有意生事，如果有意生事，就不可能治理好天下。

## 【注释】

(1)为学日益：为学，指探求知识的活动。日益，指知识、技能一天天增加。意谓研究世俗学问，随着知识一天比一天增多，伪诈奸邪也一天天增加。

(2)为道日损：为道，指通过冥想或体验以领悟事物未分化状态的道，即去甚、去泰、去奢，使欲望一天天减少。意谓修行自然之道，随着才智一天比一天损减，私欲私爱也一天天减少。

(3)损之又损：损，减损。意谓在减损机巧才智方面做到坚持不懈，渐见成效。

(4)无为而无不为：意谓不有意作为，就没有什么事情做不成的。

(5)取天下常以无事：取，为、治。无事，无搅扰之事，即无为。

(6)有事：有意作为。这里的“事”，相当于“惹事”的“事”，引申为严刑峻法之类苛政。

(7)不足以取天下:意谓达不到治理天下的目的。

【新解】

这一章说明治理天下的基本方法是顺应自然,“无为而无不为”。老子关于治国理政的著名的“无为而治”思想,在这一章作了集中阐述。

老子首先运用对比手法,提出“为学”之“益”与“为道”之“损”的分歧和对立。“为学”,指研求“政教礼乐之学”(河上公《老子章句》),则政教礼乐知识积累日益增多,其实用功利、贪欲文饰便日益强烈而增多;如此,必乱性败德,失道日多,背道日远。“为道”,则指认知、体悟自然大道之规律,为道日深,浑朴真淳的自然本性潜移默化,自然日益深入人心;如此,贪欲文饰日益减损,于是“损之又损”,减损私欲而至无欲,与道合一,终于达到自然无为之境。

接下来,老子指出了损欲无为的巨大成效:“无为而无不为”,施无为之治,可功成事遂而“取天下”。关键在损欲无私,返璞归真,体自然之道而不妄为,不强制,天下万民自然顺化归心,这岂不是“无为而无不为”的大成吗?反之,以实用功利之贪欲妄为,智巧机变之事频出,天下必乱。以“不足以取天下”,反证“为道日损”之正确。

老子所阐发的“为学日益,为道日损”损益之道的对立,透射着辩证法的光辉,是一种深刻的认识论与方法论。所以,人们的正确选择应该是“为道”而不“为学”,一旦能跳出“为学”的误区,就可以自然而然地寻找到认知的正确方向,进入“无为”的理想境界,而这也同时意味着治理天下有了取得最大成功的保证。

【名家品评】

和自然与人为相邻近的一个问题,便是损与益。最初提出损与益的问题的,是老子。孔子的态度是主益的,老子以儒家主益的态度为非,于是讲损,认为人生不应该要求增益,而应该减损人为所添加的,以复返于本来的原始状态。老子主损的学说,后来为庄子所发挥。……主损的思想,创始于老子。老子是第一个分别损与益的人。

——张岱年

以老子为代表的道家人生哲学和以孔孟为代表的儒家人生哲学,是人生全过程的不同侧面(顺境与逆境),二者是互补的,缺一不可,共同构成了人生完整的处世之道,其价值是永恒的。

——葛荣晋

## 第四十九章

**【原文】**

圣人常无心(1),以百姓心为心(2)。善者,吾善之;不善者,吾亦善之;德善(3)。信者,吾信之;不信者,吾亦信之;德信。圣人在天下(4),歙歙焉(5),为天下浑其心(6),百姓皆注其耳目(7),圣人皆孩之(8)。

**【对译】**

圣人没有私虑,以百姓的心志作为自己的心志。善良的人,我善待他;不善良的人,我也善待他;这样可使人人向善。守信的人,我信任他;不守信的人,我也信任他;这样可使人人守信。圣人治理天下,善于收敛主观意欲,使天下人的心志归于浑朴,百姓都专注于自己的耳目,圣人则要使他们回复到婴孩般淳厚质朴。

**【注释】**

(1)圣人常无心:无心,无私心、私虑。意谓圣人没有任何自己的主观谋虑。

(2)以百姓心为心:意谓圣人总是把民众的意愿当作自己的意愿。

(3)德善:德通“得”,得到、依归。意谓这样可以使人人得到善,亦即人人向善。

(4)圣人在天下:意谓圣人治理天下。

(5)歙歙焉:歙,收敛。指收敛主观意欲,归于清静无为。

(6)为天下浑其心:浑,混合、协调。意谓使人心思化归于浑朴。

(7)百姓皆注其耳目:注,专注、全神贯注。意谓百姓都专注自己的耳目,以察是非得失。

(8)圣人皆孩之:孩之,做孩童。意谓让百姓都回复到婴儿那样无知无欲、天真淳朴的混沌状态。

**【新解】**

这一章着重阐述圣人常无心,以天下百姓之心为心,要教育引导百姓尊道贵德,回复到天真淳朴的婴儿状态。

老子围绕“圣人常无心,以百姓心为心”的治国理世观点,集中表达了自己的民本思想,可以视作中国古代民本思想系统的阐释。针对春秋末期礼崩乐坏、诸侯混战、民不聊生的现实,老子洞见违背民心民意所带来的一系列恶果,深刻认识到治理国家的一个重要前提,就是对天下百姓必须一视同仁,亦即对于善良的人,要善待他;不善良的人,也要善待他。守信的人,信任他;不守信的人,也要信任他。这绝不是盲目的善待和信任,而是通过这种方式,引导、教化人人向善、人人守信。有作为的统治者治理天下,要善于收敛主观意欲,引导天下百姓的心志归于浑朴,百姓都专心致志做该做的,回复到婴孩般的淳厚质朴,那么,天下就会在自然淳厚的状态中走向大治。

应当说,在中国思想史上,老子是第一个继承夏、商、周三代民本思想精华并作了深入思考和系统发挥的人。在这种发挥中,又融入了少私、无为、寡欲、不争理念,进一步丰富和充实了民本思想内涵。之所以如此,是因为他是把天道、治道、人道纳入同一个思辨框架中统一考虑的。统治者在治国理世过程中，无论是行自然的天道、无为的治道，或者是行守中的人道，均避不开人心向背这样一个关键问题。圆满回答这一问题的前提，就是既要处理好与百姓的关系，又要不断提升自身修养水平；既尊道，又贵德，始终行走在天下大道上。

应该看到，做到“以百姓心为心”，对统治者自身修养、人生格局的要求是很高的。这是老子对理想统治者和理想社会秩序的描述，对于当今建立和谐的人际关系，以人为本，关注民生，具有重要的借鉴意义。应当指出的是，传世本这一章首句作“圣人无常心”，陈鼓应《老子校定文》依帛书乙本改作“圣人常无心”，两句相较，“常无心”比“无常心”更为切合老子原意。此依陈鼓应《老子校定文》改。

**【名家品评】**

老子之学，盖一极端自由平等之学也。……道家之学凡数变。始为革命家，再变而为打倒君主政体者，三变而为无政府主义者。

——陈柱

老子击破了主宰之说，更重要的，他强调了天地间万物自然生长的状况，并以这种状况来说明理想的治者效法自然的规律，也是任凭百姓自我发展。这种自由论企求消解外在的强制性与干预性，而使人的个别性、特殊性以及差异性获得充分的发展。

——陈鼓应

# 第五十章

**【原文】**

出生入死[(1)]。生之徒，十有三[(2)]；死之徒[(3)]，十有三；人之生生[(4)]，动之于死地[(5)]，亦十有三。夫何故？以其生生之厚[(6)]。盖闻善摄生者[(7)]，陆行不遇兕虎[8],入军不被甲兵[9];兕无所投其角,虎无所用其爪,兵无所容其刃。夫何故?以其无死地[10]。

【对译】

人是从出生开始,走向死亡的。属于长寿的,占十分之三;属于短命的,占十分之三;人们过度求生,却往往走向死亡的,也占十分之三。这是什么缘故呢?是因为人们求生太过度了。听说善于保养生命的人,在陆地上行走不会遇到犀牛和老虎,进入战阵不会遭到兵刃杀伤;犀牛用不上它的角,老虎用不上它的爪,兵器用不上它的刃。这是什么缘故呢?因为他没有致命的地方。

【注释】

(1)出生入死:意谓人出世为生,入地为死。

(2)生之徒,十有三:徒,类、属。十有三,十分中有三分。意谓属于长命的,占十分之三。

(3)死之徒:死于非命的人,属于夭折的人。

(4)人之生生:前一"生"字为动词,使动用法,"使生命延长"的意思。意谓人们皆追求延长生命,实属过度求生。

(5)动之于死地:动,为、妄为,指过度求生。意谓因过度求生,人为地延长寿命而使自己走向死路。

(6)以其生生之厚:生生,前一"生"字是使动用法,使……生存,使生命得以生存。意谓因为奉养他们生命的物质条件太丰厚。

(7)盖闻善摄生者:摄,调摄、养护。摄生,养生。意谓善于调摄、养护生命的人。

(8)陆行不遇兕(sì)虎:兕,犀牛。意谓在陆地上行走不会遇到犀牛和老虎。

(9)入军不被甲兵:被,受创、加害。甲兵,兵器。意谓到战场上能够刀枪不入。

(10)以其无死地:死地,致命的要害。意谓没有能够杀死他的地方。

【新解】

老子在这一章阐述了自己的生命观和养生之道,殷殷提醒人们不要因为过分养生反而损害了生命。

他首先指出了人自出生那一天起,就一步步地走向死亡,这是自然规律,任何人皆无法抗拒。无论称孤道寡的帝王,抑或终日劳作的草民,在生老病死的规律面前,都是平等的。但不同的人对于生命的态度却大相径庭。自然长寿的自不待言,"生生之厚"的,就需要认真考虑了。在老子看来,过度地、人为地延长生命,不仅无助于健康长寿,反而会加快死亡的进程,因为,过度求生违背了新陈代谢的自然规律。所以,不能违背自然规律,过度追求养生,道理很简单,越是淡化生死,就越是心态平和,视野辽阔,就越能健康长寿。

恐怕是觉得世人悟不透生死,老子又进一步强调善于养生的人,也是善于避开"死地"的人,形象地说是避开兕虎、战争,实际就是只有见素抱朴,少私寡欲,杜绝声色犬马,生活清静恬淡,一切顺应自然,才能安享天年。进一步分析,老子是在通过谈生死而讲自然无为。他所列举的对于生命的三种不同类型,其中的"人之生生"类,就是不满足于生命过程的自然完成,想通过人为的力量改变生命的自然状态,结果导致"生生之厚",因奉养过度而妨碍了生命过程的自然完成,自己走向死路。在对待生命的态度上,老子强调不要以人为干扰自然,否则,只能是事与愿违,适得其反。第五十五章中的"益生曰祥",就从正反两面说明了自然无为对生命的意义。

【名家品评】

中国以后若想在思想上自成系统,有所创获,必须一方面输入外来之学说，一方面不忘民族之本位。此二种相反而相成之态度，乃道教之真精神，新儒家之旧途径。

——陈寅恪

在中国传统的各个学派之中，直接把生命作为思想主题的也许只有道家。历史学家司马谈在《论六家要旨》中概括道家的时候，就把道家的主题分为治道和生命两个部分，这很符合道家思想的实际。

……

老子并没有对于理想君主的生存状态进行过直接的描述，但他总应该是一个很重视生命的人。在老子看来，只有重视生命的人，才可以把天下托付给他。

——王博

# 第五十一章

**【原文】**

道生之(1)，德畜之(2)，物形之(3)，势成之(4)。是以万物莫不尊道而贵德(5)。道之尊，德之贵，夫莫之命而常自然(6)。

故道生之，德畜之；长之育之(7)；亭之毒之(8)；养之覆之(9)。生而不有(10)，为而不恃(11)，长而不宰(12)。是谓“玄德”(13)。

**【对译】**

大道使万物得到生长，德性使万物得到畜养，具体的形体使万物得到显现，阴阳此消彼长的变化使生命成熟。因此万物无不尊崇道而重视德。大道受到尊崇，德性受到重视，这是没有任何命令而向来自然如此的。所以由道来产生，由德来充实；生长万物，培育万物；发育万物，成熟万物；抚养万物，覆盖万物。缔造万物而不据为己有，养育万物而不仗恃己力，引导万物而不人为控制。这就叫作幽深奥妙的德。

【注释】

(1)道生之:生,使动用法,使……生长。以下“畜”“形”“成”用法同“生”。意谓道赋予万物生机,使万物茁壮成长。

(2)德畜之:德,指物类的自然属性。意谓德养育万物。

(3)物形之:物,具体的形体,即老子所说的“有”。形:使……获得、显现。意谓具体的形体使万物得到显现。

(4)势成之:意谓阴阳此消彼长的变化使生命成熟。一说形势环境使万物得以成熟。

(5)是以万物莫不尊道而贵德:“尊”“贵”都是尊重、敬重之意。意谓万物生成的源头在道与德,故以道为尊,以德为贵。

(6)夫莫之命而常自然:莫之命,莫命之。意谓道尊德贵,没有谁这样安排,这一切是自然发生的。

(7)长之育之:长、育,在此都是抚养、抚育的意思。意谓生长万物,抚育万物。

(8)亭之毒之:亭,成。毒,熟。意谓发育万物,成熟万物。

(9)养之覆之:养,保养。覆,保护、维系。意谓抚养万物,覆盖万物。

(10)生而不有:有,占有。意谓缔造万物而不据为己有。

(11)为而不恃:为,给予。恃,依赖、倚仗。意谓养育万物而不仗恃己力。

(12)长而不宰:长,抚育。宰,宰治、主宰。意谓引导万物而不人为控制。

(13)玄德:意谓变幻莫测、最深远的德。

【新解】

这一章深刻阐释了道“莫之命而常自然”的幽深奥妙的德——玄德。

老子把高远超迈的目光投向茫茫苍穹，在大化流行的大背景上，再一次发挥了道以无为自然的方式缔造万物，德以幽深奥妙的德性养育万物的思想。从老子的阐述不难见出，万物的形成和发展，可以分为四个阶段：首先，它由宇宙本体，即道转化和生成，即“道生之”；然后，再依靠自身本性，即德来维系其存在，即“德畜之”；再后，才得由物赋形而具有形体，即“物形之”；最后，更借势成长而使之完成，即“势成之”。

在这一大化流行的全过程中，道和德发挥着最基本的作用。没有道，万物无所从出。没有德，万物就失去其本性。所以，万物无不尊崇道而重视德。但是，道的被尊崇，德的被珍视，都是出于自然，没有任何指令或有意安排。道的生养万物，与万物的依靠道而生长变化，历来是自然如此的。因此，道生长万物，却不据为己有；协助万物，却不自恃有功；导引万物，却不居心主宰。这种品德就叫作幽深奥妙的德。

老子通过对道化生、养育、区别、成就万物，是万物之母，虽然受到尊崇，却不号令、不占有、不自恃、不主宰，一切顺应自然，具有深妙品德的阐释，告诫统治者在治国理世上应该采取顺应万物自然本性的方式，追求最纯真的自然——朴的状态，返璞归真，而切不可造作妄为，以致朴散真离，陷入无法掌控的混乱状态。

这一章在《道德经》中很重要，老子具体讲了道化育万物的全过程，以及在这一过程中所表现出的特点。老子所强调的“万物莫不尊道而贵德”，贯穿五千言始终，几乎在每一章的阐述中皆隐含这一思想。

**【名家品评】**

老子写《道德经》，尊道而贵德，第一次使“道”摆脱了一切形而下的感性色彩，成为具有普遍性的最高哲学概念。从此中国哲学便以道论为基石发展出各种形态的理论体系。可以说，自老子始，中国才有真正的哲学形上学，所以《道德经》在中国思想文化史上，具有划时代的意义。

——牟钟鉴

我的良好的精神状态也要归功于阅读孔子,而主要是老子。

——(俄)列夫·托尔斯泰

# 第五十二章

**【原文】**

天下有始[(1)],以为天下母[(2)]。既得其母,以知其子[(3)];既知其子,复守其母,没身不殆[(4)]。塞其兑,闭其门[(5)],终身不勤[(6)]。开其兑,济其事,终身不救[(7)]。见小曰明[(8)],守柔曰强[(9)]。用其光,复归其明[(10)],无遗身殃[(11)];是为袭常[(12)]。

**【对译】**

天下一切事物都有本始,作为天下万物的本源。一旦掌握了万物的本源,就能认识具体事物;一旦认识具体事物,又能坚守万物的本源,终身才不会有危险。塞住欲望的出口,关上欲望的大门,终身就没有劳忧的事。打开欲望的出口,追逐欲望多事有为,终身都不可救药。能够鉴察细微叫作明,能够守住柔弱叫作强。运用大道理智的光亮,追照内心固有的明,不给自身带来祸殃;这就叫作承袭遵循永恒的大道。

**【注释】**

(1)天下有始:始,原初状态、本始,指道。意谓天地间的一切事物都有本始。

(2)以为天下母:母,根本、根源。意谓作为天下万物的根本。

(3)既得其母,以知其子:知,识别、认识。子,指万物。意谓在认识并掌握大道的基础上,认识万事万物。

(4)既知其子,复守其母,没(mò)身不殆:守,坚守。没身,终身。意谓在认识万事万物前提下又能坚守道的立场，就终生不会遇到危险。

(5)塞其兑，闭其门："兑""门"皆指人身上的孔窍，如耳、目、鼻、口等，在此喻指向外追求的欲望。意谓塞住嗜欲的孔窍，闭起嗜欲的门径。

(6)终身不勤：勤：劳作、受苦受累。意谓终身就不会有劳忧的事。

(7)开其兑，济其事，终身不救：意谓打开嗜欲的孔窍，增添纷杂的事务，一辈子不可救药。

(8)见小曰明：见小，察知细微、洞识未萌。意谓能够洞察万物萌发的状态，叫作明智。

(9)守柔曰强：强，实质性的强大。意谓保持清静、柔弱自处，才是真正的强大。

(10)用其光，复归其明：其，指道。意谓依赖大道之光，返照内心固有之明。

(11)无遗身殃：遗，留下、遗留。殃，灾祸、祸患。意谓不给自己带来祸患。

(12)是为袭常：常，常道、永恒之大道。意谓这才是承袭、遵循永恒不灭的大道。

**【新解】**

老子在这一章从生命的起源视角入手，阐释如何养生，强调持守大道，重在修身。

道是万物之母，由母知子，由子知母，永远持守大道就能终身安泰。要守道必须"塞其兑，闭其门"，排除外界私欲功利的诱惑和干扰，否则将终身有难。只有"见小""守柔"，不事张扬炫耀，坚持深藏不露，才能永享太平。老子如此强调，意在要求人们一要从变幻纷纭、看似不可捉摸的世间万象中究根索源，把握本原。二要摒弃花花世界、滚滚红尘扑面而来的诸多物欲。若不知坚守，为物欲所吸引，便会迷失自我，丧失真性。三要去除私欲与妄见的蔽障，反观内省，以明澈的智慧之光览照外物。如此，便可明察事理,立于不败之地。

老子一再强调贵柔守雌、以弱胜强的策略原则,既是针对造作妄为之人好逞聪明,乱施小计,不知内敛而言,也是告诫统治者在治国理世的实践中注重运用这一原则,因为,它是“无为而治”的题中应有之义。同时,老子也强调“见素抱朴,少私寡欲”(《道德经》第十九章),无欲方能守身立命。这一章中的“开其兑,济其事,终身不救”之弊之害,是承接上文,进一步告诫统治者,无私、无欲是学道、悟道、体道、行道的基本要求,舍此,既无法“得其母”,也不能“知其子”,而且会招致大的祸患。

正是基于老子的上述阐释,《吕氏春秋·不二》说:“老聃贵柔。”知雄守雌,虚静处下,以屈求伸,以退为进,柔弱胜刚强是老子以及整个道家学派认识问题、驾驭事物、掌握主动的策略原则,也是《道德经》全书的基调之一。

【名家品评】

这个在《老子》书里萌芽,在以后几百年里充分生长起来的自然主义宇宙观,正是经典时代的一份最重要的哲学遗产。

——胡适

老子创建了中国哲学史上第一个宇宙体系的哲学思想,认为天下万物都是有规定性的,是一个无穷的序列。老子认为这个无穷系列一定有一个开始,这个开始一定是它的正面的反面,万物的反面。万物都是具体的、有规律性的东西,它的反面一定是无形的、无规律性的东西,是无限的。这样的思维方法,到今天还是有用的。

——许抗生

# 第五十三章

**【原文】**

使我介然有知[1]，行于大道，唯施是畏[2]。大道甚夷[3]，而人好径[4]。朝甚除[5]，田甚芜[6]，仓甚虚；服文采[7]，带利剑，厌饮食[8]，财货有余；是谓盗夸[9]。非道也哉！

**【对译】**

假如我稍有真知，就会遵循大道而行动，唯一担心的是误入邪路。大道很平坦，可是有些人君却喜好邪门歪道。朝廷里亭台楼阁高耸入云，田地间一片荒芜杂草丛生，仓库中空空如也没有粮食；贵人们却还穿着华贵的衣服，佩带锋利的宝剑，饱餐精美的饮食，搜刮享用不尽的财货；这就叫作强盗头子。根本不是正道啊！

**【注释】**

(1)使我介然有知：使，假使。我，指有道的治者。介然，微小、细微。意谓假使我微有所知，稍有知识。

(2)行于大道，唯施是畏：施，通“迤”，邪、斜行，即邪路。意谓遵循大道而行动，只恐怕误入歧途。

(3)大道甚夷：夷，平坦。意谓大道宽阔平坦。

(4)而人好径：人，指无道人君。径，原指小路，引申为歪门邪道。意谓无道人君专走歪门邪道。

(5)朝甚除：除，废弛、颓败。朝廷宫殿修得富丽堂皇，巍峨高大。引申为朝廷追求奢侈，荒唐败坏。

(6)田甚芜：芜，荒芜。古人以农为本，“田甚芜”指荒废了正事。

(7)服文采:服,穿着、穿戴。意谓穿着华美的衣服。

(8)厌饮食:厌,富足。指追求享受,充分享用。

(9)是谓盗夸:盗,非法获取。夸,奢侈。盗夸,引申为大盗、强盗头子。意谓这种人是强盗头子。

**【新解】**

老子在这一章深刻揭露出春秋末年社会上的各种矛盾现象,对统治者的罪恶行径进行了痛快淋漓的怒斥。

大道是那样的平坦宽阔,自自然然,而那些无道人君偏偏不奉行大道,造作妄为,醉心于事功,热衷于歪门邪道。这种热衷的结果造成社会上贫富悬殊,对立日增。一方面是宫廷里的亭台楼阁高耸入云,权贵们身穿华贵的服装,佩带锋利的宝剑,饱餐精美的饮食,搜刮的财富享用不尽。另一方面是田地间一片荒芜,杂草丛生,百姓的仓库中空空如也没有一粒粮食,终至啼饥号寒,卖儿鬻女,在死亡线上苦苦挣扎。老子痛斥那些不顾百姓死活,热衷于锦衣玉食、声色犬马的无道人君是强盗头子。

这一声痛斥,表达了一位大智慧者的正义和良知。因为真正的知识分子,是社会正义和良知的承荷者,是广大百姓愿望的呼吁者,其存在的意义就在于敢于直面社会现实,以独立的思想、自由的精神,对不合理的社会现象,尤其是对无道强权进行坚决的抨击、无情的批判,体现其对人类命运的终极关怀。

这一声痛斥,表达了老子鲜明的爱憎。因为在私有制社会中,榨取劳动人民血汗的统治者,从其阶级偏见出发,把敢于反抗剥削和压迫的人诬为“盗”,老子却一反传统观念,公开指出那些“财货有余”的无道昏君才是货真价实的强盗头子,激愤不平之气溢于言表,使人们真切地看到了老子“威武不能屈,富贵不能淫,贫贱不能移”的浩然正气和为民请命的斗士形象。

【名家品评】

老子揭示了当时社会中存在的严重的阶级矛盾。他指出,被剥削的劳动者已经处于“田甚芜,仓甚虚”的悲惨境地,而统治者却过着“服文采,带利剑,厌(饱)饮食,财货有余”的生活。他称这种不合理现象为“盗夸”。

——侯外庐

老子是中国唯物主义始祖,老子的“道论”是中国哲学第一枝鲜艳的花朵。

——詹剑峰

## 第五十四章

【原文】

善建者不拔(1),善抱者不脱(2),子孙以祭祀不辍(3)。修之于身,其德乃真(4);修之于家,其德乃余(5);修之于乡,其德乃长(6);修之于邦,其德乃丰(7);修之于天下,其德乃普(8)。故以身观身(9),以家观家,以乡观乡,以邦观邦,以天下观天下。吾何以知天下然哉?以此。

【对译】

善于建树的人不可拔除,善于抱持的人不会脱落,依此原则行事,可以世代香火相续。用这种道理修养个人身心,他的德行就会纯真;用这种道理培养一家,他的德行就能有余;用这种道理影响一乡,他的德行就能久长;用这种道理教导一国,他的德行就会丰厚;用这种道理教化天下,他的德行就能普及。所以要凭借观察自身修养了解别人,凭借观察自家修为了解别家,凭借观察自己乡邻的修为了解别的乡邻,凭借观察本国的修治了解他国情况,凭借观察今日天下的修治了解过去和未来的天下。我凭什么知道天下大事的来龙去脉呢?就是用这种方法。

【注释】

(1)善建者不拔:建,建立、树立。拔,把草木连根拽出,在此借指倾倒、动摇。意谓善于建树的人,任何力量也拔不掉。

(2)善抱者不脱:抱,牢固把持。脱,脱落、滑脱。意谓善于把持的不会滑落。

(3)子孙以祭祀不辍:祭祀,祀神供祖的仪式,在此借指后嗣。辍,断绝、停止。意谓依善建、善抱的原则行事,后代的香火就会绵延不息,永不断绝。

(4)修之于身,其德乃真:修,行。乃,于是、就。真,纯朴自然,没有私欲。意谓将善建、善抱的原则贯彻到个人修养身心上,他的德行就能够保持纯真。

(5)其德乃余:余,有余,指物质与精神都富裕。意谓他的德行就会绰绰有余。

(6)其德乃长(zhǎng):长,多、兴旺。引申为弘扬、光大。意谓他的德行就能够弘扬光大。

(7)其德乃丰:丰,丰盛、博大。意谓他的德行就会丰厚博大。

(8)其德乃普:普,普遍、普及。意谓他的德行就能够普及。

(9)故以身观身:观,观察、省察。意谓根据此人如何修养身心来观察此人,只需看他是否善建善抱,便可知其然。下句观家、观乡、观邦、观天下的道理同。

【新解】

老子在这一章阐释道、德普及推行的基本顺序,阐释了由此及彼的观察方法。

针对春秋末期各诸侯国的统治者们私欲膨胀，沉湎于声色犬马，终至损道败德的现实状况，老子明确提出了以建德抱道而修身的原则、成效与方法，强调以道修德，普化天下，重在修身。老子认为，要拯救社会，改善世风，重视人性，一个重要的途径是人们必须毫无保留地皈依大道，坚持不懈、坚韧不拔地以道的原则从事人生修养，拒绝外物的诱惑，克服内欲的冲动。其基本步骤是由小到大，推己及人。以修身之德真，修家之德余，修乡之德长，修邦之德丰，修天下之德普，展现修身立德由以真为本而至于以普为用。

老子所强调的修身的特征在于立德真淳，施德普遍，是个人自我守道修身的自然扩展，如大道之周流广博，泽被万物。老子倡言“以身观身”至“以天下观天下”的修身立德方法，目的是让人们体悟与借鉴。己之身、家、乡、邦、天下等，都是具体现象界的存在和表现，属于感性直观对象；而他之身、家、乡、邦、天下等，则是依据感性直观的具体现象界的对象而抽象出的带普遍规律性的理性思维、理论概括，亦即对大道规律的深刻体悟。所以，前者为“物”，后者为“道”，是观物体道以立德的过程。能体悟到这一点并躬身践行，孜孜以求，便可成就“善建”“善抱”之举，也就能够“子孙以祭祀不辍”了。

值得指出的是，老子提倡的这种修身立德方法，深刻影响了孔子和孔子后学。儒家后来明确提出的“修身、齐家、治国、平天下”的修身治国主张，虽与老子的思辨层次不同，但推己及人的思维方向是一致的。

**【名家品评】**

我常疑心这哲学或玄学的道家思想必有一个前身，而这个前身很可能是某种富有神秘思想的原始宗教，或更具体点讲，一种巫教。这种宗教，在基本性质上恐怕与后来的道教无大差别，虽则在形式上与组织上尽可截然不同。这个不知名的古代宗教，我们可暂称为古道教。

——闻一多

《道德经》的编纂者似乎想要给读者提供一套自我修养的摄取之法，使个体得以乐观地看待其现世的生存。当践行者的性格和行为印证着这些智慧箴言并最终实现了他们的个体转化时，就会发现：这些本质上相同的智慧在内涵上是浑然一体、不可割裂的。但需要着重指出的是，这一个体转化的实现既与“死”、“最后审判”、“来世”毫不相关，也与“灵魂的拯救”（西方“末世主义”的传统概念）无甚关联。相反，这种个体的成长与净化在塑造能够使我们共同生活的世界变得更美好的人类品格的意义上，恰恰是改良性的。

——（美）安乐哲　郝大维

# 第五十五章

**【原文】**

含德之厚，比于赤子[(1)]。蜂虿虺蛇不螫[(2)]，攫鸟猛兽不搏[(3)]。骨弱筋柔而握固[(4)]。未知牝牡之合而朘作[(5)]，精之至也[(6)]。终日号而不嗄[(7)]，和之至也[(8)]。知和曰常[(9)]，知常曰明。益生曰祥[(10)]。心使气曰强[(11)]。物壮则老，谓之不道[(12)]，不道早已。

**【对译】**

怀有深厚德性的人，就像初生的婴儿一样。蜂虿虺蛇之类毒虫不来蜇他，凶鸟猛兽不来抓他。筋骨柔弱但小手攥东西很牢固。不懂得男女交合但小生殖器自动挺起，这是精气极度充足的缘故。整天号哭声音却不嘶哑，这是冲和之气旺盛的缘故。懂得冲和的作用叫作遵循常道，认识到遵循常道的意义叫作明智。贪生嗜欲是导致灾祸的兆头。用贪生嗜欲的意念操纵体力叫作逞强。事物达到壮盛就会衰老，这叫作不合乎常道，不合乎常道很快就会衰亡。

【注释】

(1)比于赤子:赤子,婴儿、幼儿,喻指纯真质朴、无知无欲之人。意谓像初生的婴儿一样纯真质朴。

(2)蜂虿(chài)虺(huǐ)蛇不螫(shì):虿,蝎子一类的毒虫。虺蛇,一种毒蛇。螫,毒虫或蛇咬刺。意谓蜂虿虺蛇之类毒虫不蜇刺。

(3)攫鸟猛兽不搏:攫鸟,用脚爪取物如鹰隼一类的鸟。"攫"的用法和"猛"的用法一样,都是用来形容凶恶物类的。搏,捕捉,指鹰隼用翼爪扑击弱小的鸟兽。意谓鹰隼之类凶禽不搏持。

(4)骨弱筋柔而握固:握固,小手握持物品非常牢固,形容抓得紧。意谓(虽然)筋骨柔弱,但小手抓东西非常紧。

(5)未知牝牡之合而朘(zuī)作:牝,雌性。牡,雄性。朘,男孩的生殖器。作,勃起。意谓不懂男女交合,却阴茎自然挺起。

(6)精之至也:至,到达,引申为充足、充沛。意谓这是精气充沛的缘故。

(7)终日号(háo)而不嗄(shà):号,大声哭。嗄,声音嘶哑。意谓整天号哭声音却不嘶哑。

(8)和之至也:和,和顺、和谐,指冲和之气。意谓这是冲和之气充沛的缘故。

(9)知和曰常:常,指万物运动变化的规律,即常道。意谓知晓冲和之气的作用就是遵循常道。

(10)益生曰祥:益生,纵欲贪生。祥,妖祥、灾祸。意谓人为地促进生命成长,就叫作自招灾祸。

(11)心使气曰强:心使气,任性使气。强,逞强、纵暴。意谓用贪生嗜欲的意念操纵体力叫作逞强。

(12)物壮则老,谓之不道:壮,壮盛、盛大。不道,不合自然。意谓事物达到壮盛就会衰老,这叫作不符合常道。

【新解】

这一章老子说明养生的基本方法是谦下贵柔,保持柔弱,固守元精,不耗元气。

老子以赤子比喻厚德之人,认为赤子质朴纯真,元气充沛,筋骨柔弱,内力刚强,精神和谐,这正是修德行道之人必须具备的养生要件、身体素质和品德修养。只有这样,才能有效地克制内部的欲望和冲动,抵制外部的伤害和影响,归于大道。老子以赤子的种种生理现象作比喻,宣扬阐发其虚静处下、柔弱无为的人生哲学。他所说的"精之至",是形容精神完全饱满的理想状态;而"和之至",则是形容心灵平淡、凝聚和谐的美好状态。

老子在这里既是针对人们的自身修养而言,又是针对当时的社会政治现实有感而发。他以"赤子"般的"含德之厚"境界,引导人们舍弃各种欲望,摈绝奢靡浮华,彻底回复到纯任自然、不事雕饰、混沌淳朴的原始状态,从而皈依大道,全真葆性,避免"物壮则老""不道早已"的悲剧发生。在此,老子是说理,同时也是阐释修身养性、悟道体道的方法,这种方法多为后世养生家们发挥和借鉴。尤其是老子在这里所倡扬的婴儿之道和婴儿境界,对后人的启示意义是巨大的。

婴儿原本无欲无求,当然就与物无伤;他们是那样天真无邪,难怪从不树敌;他们没有丝毫的伪善世故,所以应事接物总是一片赤诚。待到婴儿成人入世以后,耳目交接于外,情欲形之于内。于是有的人便放纵情欲而不任自然,因人世沉浮而焦灼不安,因饮食男女而乖张亢奋,因争名夺利而逞强斗狠。看去似乎血气方刚,好不强壮,但已经破坏了婴儿时期的冲和之气,远离了婴儿时期的柔弱之道。因此,鲜花怒放之日便是快要凋零之时,呈现强壮之势便已显出衰老之态。过于强壮不合于柔弱之道,违反了柔弱之道很快就会走向死亡。谨守柔弱之道,不失赤子之心,德厚便能神全,不壮因而不老。这便是老子的婴儿之道和婴儿境界对人们最大的启发。

【名家品评】

老子是中国哲学的鼻祖，是中国哲学史上第一位真正的哲学家。

——胡适

老子思想的集大成——《道德经》，像一个永不枯竭的井泉，满载宝藏，放下汲桶，唾手可得。

——(德)尼采

## 第五十六章

【原文】

知者不言，言者不知(1)。塞其兑，闭其门(2)，挫其锐，解其纷，和其光，同其尘(3)，是谓“玄同”(4)。故不可得而亲，不可得而疏；不可得而利，不可得而害；不可得而贵，不可得而贱(5)。故为天下贵(6)。

【对译】

聪明的人不随意发号施令，随意发号施令的人不聪明。堵塞嗜欲的感官，关闭巧利的门径，藏匿锋芒，化解纷扰，含敛光耀，混同尘世，这就叫万物浑然齐同的神奇境界。因此不刻意使一些人得以亲近，不刻意使一些人受到疏远；不刻意使一些人获得利益，不刻意使一些人遇到祸害；不刻意使一些人过分尊贵，不刻意使一些人过于卑贱。所以才能够被天下所普遍珍视。

【注释】

(1)知者不言，言者不知：知，应作“智”解。知者，指有智慧的人。意谓有智慧的人不乱发议论，乱发议论的就不是智者。喻指领悟了道之奥妙的君主，因循自然，行不言之教，从不对民众妄自发号施令。那些热衷于对民众发号施令的统治者，绝对不是真正的智者。

(2)塞其兑，闭其门：兑、门，指人身上的孔窍，如耳、目、鼻、口等，在此喻指向外追求的欲望。意谓堵塞欲望的孔窍，关闭外求的门径。此二句已见于第五十二章，这里再用，意在强调。

(3)挫其锐，解其纷，和其光，同其尘：挫，隐匿。解，化解、消解。和，内敛、含蓄。光，光彩。同，混同。尘，尘世。意谓不露锋芒，消解纷扰，含敛光耀，混同尘世。

(4)是谓"玄同"：玄同，无差别的大同境界，即道的境界。意谓这才是万物一体，毫无差别的大同境界。

(5)不可得而亲，不可得而疏；不可得而利，不可得而害；不可得而贵，不可得而贱：亲，使……得以亲近。疏、利、害、贵、贱用法同"亲"。意谓"玄同"的境界超出了亲疏利害贵贱的差别。这里说明了得道君主进入"玄同"境界所收到的治理效果。

(6)故为天下贵：为，被。贵，尊贵，引申为珍视、重视。意谓被天下人所珍视。

**【新解】**

老子在这一章从人格修养角度具体阐释了以"行不言之教"而达到"玄同"理想治理境界的道理。

这一章开首两句提出所要论述的主旨，即真正领悟体会到了道的奥妙的君主，因循自然，循循善诱，从不对百姓妄自发号施令，而那些热衷于对百姓发号施令的统治者，绝对不是真正的智者。在这里，老子所说的"知者不言"是指智者不说那不可说的，尤其是不说无法通过言语表达其确切含义的道，而是通过"不言之教"来践行道。

接下来，老子提出著名的"玄同"命题。在老子看来，道为全，无所不备，人是一偏，自然在道中，与道合一。这一点，人与他物没有区别。人与他物的不同之处在于，他物不执于彼此之间的分别，而人由于有"我"的意识，往往执于分别主客彼此，由此而产生了主体与客体之间的对立。挫锐、解纷、和光、同尘都是旨在破除对“我”的一味执著，消除物我的对立紧张，悠游于大道之中。悠游于大道之中即是“玄同”，“玄同”不同于原初自然的合一，其中包含着“我”的意识。由此，老子合乎逻辑地提出了达到“玄同”的途径，即堵塞其欲望的门户，收敛其外显的锐气，排解其难缠的纷扰，调和混同其光彩于尘世。老子认为达到了“玄同”这种万物浑然齐同的神奇境界，就能够超出亲疏利害贵贱的差别，收到理想的治国理世效果，“为天下贵”便在情理之中了。

这一章可以看作老子从人格修养层面对统治者“处无为之事，行不言之教”（《道德经》第二章），施行“无为而治”的谆谆告诫。从这种告诫中不难见出，不以情系心，不以物累形，和光同尘，泯灭畛域，一切顺应自然，按照事物本来的运行规律办事，既不妄为，更不滥为，遵道以行，率理而动，因势利导，合乎自然，是每个人，尤其是负有治国理世重任的统治者所应牢牢记取并践行的。

**【名家品评】**

道家学风体现在学术史观与文化心态上，更有一种恢弘气象。从总体上与儒、墨、法诸家的拘迂、褊狭和专断相较而言，道家别具一种包容和开放的精神。

——萧萐父

作为道家文化开创者的老子，与儒家文化的开创者孔子，是中国思想史上影响最大的两个人物，历来受到统治者和知识分子的重视。最近一个世纪，老子的研究取得了很大的成绩。特别是最近几十年，在湖南和湖北发现了汉初和战国时期与老子有关的帛书和竹简材料，一方面显示出老子在历史上的重大影响，另一方面也进一步刺激了学术界关于老子文化的研究，使道家文化的研究呈现出新的活力。

——汤一介

# 第五十七章

**【原文】**

以正治国[(1)],以奇用兵[(2)],以无事取天下[(3)]。吾何以知其然哉?以此:天下多忌讳[(4)],而民弥贫;人多利器[(5)],国家滋昏[(6)];人多伎巧,奇物滋起[(7)];法令滋彰[(8)],盗贼多有。故圣人云:“我无为,而民自化[(9)];我好静,而民自正[(10)];我无事,而民自富[(11)];我无欲,而民自朴[(12)]。”

**【对译】**

用无为的正道治理国家,用出奇的谋略带兵打仗,用不有意作为治理天下。我凭什么知道是这样的呢?就凭以下的事实:天下愈多禁忌法令,百姓就愈贫穷;民间愈多机巧权谋,国家就愈昏乱;人们愈多掌握技巧,怪事就愈增加;法令定得愈细,盗贼就出现得愈多。所以圣人说:“我不有意作为,百姓会自然归化;我爱好清静,百姓会自然安定;我不随意生事,百姓会自然富足;我没有过分的欲望,百姓会自然变得淳朴。”

**【注释】**

(1)以正治国:正,清静之道、正道。意谓用无为正道治理国家。

(2)以奇用兵:奇,奇谋、奇略,即奇谋诈术。意谓以异计奇谋指挥战争。

(3)以无事取天下:无事,无为。引申为不任意妄为,滋扰生事。取,治理、管理。意谓以清静无为的手段治理天下。

(4)天下多忌讳:忌讳,禁忌、禁令,此处引申为各种法令、禁令。意谓天下颁行过多的法令、禁令。

(5)人多利器:利器,利,锋利、锐利,与钝相对,指精良的工具。在此指效能较高的工具,因为老子所生活的春秋末期已出现铁器和利用杠杆原理提水的工具。这里的"利器"喻指各种机巧权谋。意谓人世间多有各种机巧权谋。

(6)国家滋昏:滋,益、更加。意谓国家便会更加混乱。

(7)奇物滋起:奇物,奇异之物,即老子眼中的邪物。意谓新奇怪诞之物日益增多。

(8)法令滋彰:滋彰,繁多而明显。意谓各种法令、规章繁多而明显。

(9)我无为,而民自化:自化,自然顺化、自我化育。意谓我不刻意作为,百姓便会自然顺化。

(10)我好静,而民自正:自正,自然端正。意谓我爱好并提倡清静,百姓便会自然端正。

(11)我无事,而民自富:自富,自然富裕充足,安居乐业。意谓我不肆意生事,百姓便会安居乐业。

(12)我无欲,而民自朴:无欲,没有贪欲,没有侵占掠夺他人财物的意念。朴,淳厚、质朴、与世无争。意谓我无私无欲,百姓便会与世无争。

**【新解】**

老子在这一章论述自然无为是治国理世的根本,是道的题中应有之义。

春秋时期,王室衰微,王霸迭起,列国兼并无已,夷夏既对峙纷争,又渐趋融合。公室没落,大夫专权,社会政治格局此消彼长。同时,体制改革,赋税嬗变,私学勃兴,军队扩增。这种变幻纷纭、错综复杂的形势令当时的诸多思想家感慨不已,甚至陷入深深的困惑之中。在这样一个大背景下,老子对如何管理国家、指挥战争、驾驭天下进行了有益的探索,提倡以清静无为为正道治国,旗帜鲜明地反对以诡诈权变之奇道治国。

这一章开篇即倡言"以正治国,以奇用兵,以无事取天下",明确提出了治国、取天下以正道、以无事为准则的主张。接下来以"吾何以知其然哉”的设问提起下文，深刻指出，在治国理世中如果违背以清静无为治国的常理常道，就会滋生出诸多事端，出现多禁忌、多利器、多伎巧、多法令的“四多”现象，导致民贫、政昏、事邪、贼盗的滋生、频起。“四多”中多有奇谋权变，表达了老子反对以奇治国的态度。最后引古圣人语，从正面入手，概括“以正治国”的重点及成效：无为、清静、无事、无欲，即清静自然，无欲无扰，“无为而无不为”。如此施行，万民则自然顺化、端正、富足、淳朴，达到和谐和睦、与道统一的程度，国家自然会步入正轨而避免陷于贪欲纷争的事端之中。

总之，老子主张“以正治国”，认为物质文明越畸形发展，人心就越畸变异化，政治运作越造作妄为，社会就越动乱黑暗，其主旨在于以春秋末年的现实状况说明有为政治的弊端与无为政治的好处。本章可视为第三十七章的姊妹篇，在前者基础上说理更为透辟具体，可在二者对读中体悟老子在第三十七章提出的“道常无为而无不为”命题的妙处。

**【名家品评】**

先秦哲学中，在仁与兼爱外，第三个最有影响的人生理想论，便是无为。无为的学说，发自老子。老子是道家的创始人。春秋时代，有许多主张避世洁身的隐者。所谓道家者流，实源于此类隐者。

——张岱年

我最喜爱的并总结了我很多更为深刻的信念的是老子的另一段话：“我无为而民自化，我好静而民自正，我无事而民自富，我无欲而民自朴。”我承认这段话过于简练，但对于我来说，它道出了我们西方社会迄今尚未完全领悟的真理。

——（美）罗杰斯

# 第五十八章

【原文】

其政闷闷[(1)],其民淳淳[(2)];其政察察[(3)],其民缺缺[(4)]。祸兮福之所倚[(5)],福兮祸之所伏[(6)]。孰知其极[(7)]?其无正也[(8)]。正复为奇,善复为妖[(9)]。人之迷[(10)],其日固久[(11)]。是以圣人方而不割[(12)],廉而不刿[(13)],直而不肆[(14)],光而不耀[(15)]。

【对译】

国家的政治浑然粗疏,百姓就淳朴浑厚;国家的政治精明苛细,百姓就狡黠伪诈。灾祸啊幸福紧靠在它旁边,幸福啊灾祸潜藏在它里边。谁知道这里面倚伏着变化的法则呢?祸福是没有一定的。正常会再变为反常,善良会再变为邪恶。人们的迷惑,已经年深日久了。因此圣人方正而不会生硬勉强,锐利而不会伤害别人,直率而不会无所顾忌,明亮而没有刺眼光芒。

【注释】

(1)其政闷闷:闷闷,懵懵、暗昧不明,引申为宽厚、宽大,喻指质朴的样子。意谓以无为无事的态度治理国家。

(2)其民淳淳:淳淳,质朴、敦厚,即淳朴厚道,喻指淳厚知足的样子。意谓百姓便淳朴厚道。

(3)其政察察:察察,精审,引申为苛察、繁细,即明白清楚,喻指精明、严酷的样子。意谓以有为多事的态度治理国家。

(4)其民缺缺:缺缺,狡黠、伪诈,即残缺不全,喻指欠缺、不满足的样子。意谓百姓便狡黠伪诈。

(5)祸兮福之所倚:倚,依傍、依靠、依附。意谓灾祸虽然不是什么好事情,可幸福却往往倚傍在它的身边,即所谓“否极泰来”。

(6)福兮祸之所伏:伏,隐藏、潜伏。意谓幸福当然是好的,可灾祸却经常伴随它而生,即所谓“乐极生悲”。

(7)孰知其极:孰,谁、哪一个。极,极致、极限,指最顶端的道理。意谓又有谁能知道祸福转化变换的极限。

(8)其无正也:其,代词,指祸福转化变换。无正:没有确定的标准。意谓祸福的转化变换是没有确定标准的。

(9)正复为奇,善复为妖:奇,诡异不正、邪。妖,妖祥、灾害。指正又变为邪,善再变为恶。意谓正常的会转化为反常的,善良的会转化为丑恶的。

(10)人之迷:迷,迷惑、迷误。意谓世俗中人的迷误。

(11)其日固久:其所从来也已经很长久了,有“积重难返”的意思。

(12)是以圣人方而不割:方,方正有边。割,用刀截断,引申为生硬、勉强。意谓得道的圣人治国理政方正但不生硬。

(13)廉而不刿(guì):廉,棱角、锐利。刿,刺伤、划伤。意谓虽有锐利的棱角却不伤害人。

(14)直而不肆:肆,放肆、无所顾忌、肆无忌惮。意谓虽正直坦率但决不放肆无忌。

(15)光而不耀:意谓光亮而不炫耀。

**【新解】**

老子在这一章通过阐述对立双方相互转化的道理,具体介绍了把握转化关系的办法,表达了深刻的辩证法思想。

老子提出“万物负阴而抱阳”(《道德经》第四十二章),认为世界上的一切事物,都由于它内部存在着阴阳两种对立因素的冲摇激荡而可能向其相反的方面转化:灾祸虽然不是什么好事情,可幸福却往往倚傍在它的身边,亦即“否极泰来”;幸福当然是好的,可灾祸却经常伴随它而生,亦即“乐极生悲”。正常随时可以转变为反常,善良随时可以转变为妖孽。

祸、福、正、奇之间的相互转化,使不理解对立统一规律的人们产生了迷惑,以为在冥冥之中似乎有什么东西在主宰着一切。其实其中并没有什么神秘的主宰者,因为祸、福、正、奇的相互转化是经常的,是事物发展变化的基本轨道和客观规律,关键在于人们能不能走出迷惑和认识的误区,自觉地认识和把握这种“正复为奇,善复为妖”的事物变化规律,进而在治理国家、管理社会过程中,“方而不割,廉而不刿,直而不肆,光而不耀”,进入古之圣人的治理境界。

老子于充满辩证色彩的论述中,强调在治国理世的方法上应该做到宽大无为,而切忌细察酷烈、严苛有为,并由此引申出带普遍性的祸福相互依存、相互转化的命题,深刻揭示出古之圣人处世行事、治国理政之所以成功的秘诀,就在于他们能够始终注意不走极端,把握事物的“度”,保持节制与平衡。这种思想,对人们是颇有启发的。

老子强调“人法地,地法天,天法道,道法自然”(《道德经》第二十五章),认为天道、人道、治道是相互依存、相互融合、并行不悖的。这一章所提倡的“方而不割,廉而不刿,直而不肆,光而不耀”,是对人道的要求。老子倡言“人道守中”,并明确提出了做到什么程度才算把握住了“守中”的“度”,亦即“不割”“不刿”“不肆”“不耀”,以如此人格修养程度,便可进入古之圣人理想的治国理世境界了。

**【名家品评】**

《老子》乃万物之圣根,王者之上师,臣民之要宝。

——明太祖朱元璋

至于老子,则以知礼闻,而吾夫子所尝问礼,则其为人要亦非庸下者,其修身养性,以求合于道,初亦岂甚乖于夫子乎?

——(明)王阳明

我们必须学会全面地看问题，不但要看到事物的正面，也要看到它的反面。在一定的条件下，坏的东西可以引出好的结果，好的东西也可以引出坏的结果。老子在二千多年以前就说过："祸兮福所倚，福兮祸所伏。"日本打到中国，日本人叫胜利，中国大片土地被侵占，中国人叫失败。但是在中国的失败里面包含着胜利，在日本的胜利里面包含着失败，历史难道不是这样证明了吗？

——毛泽东

## 第五十九章

【原文】

治人事天[(1)]，莫若啬[(2)]。夫唯啬，是谓早服[(3)]；早服谓之重积德[(4)]；重积德则无不克[(5)]；无不克则莫知其极[(6)]；莫知其极，可以有国[(7)]；有国之母[(8)]，可以长久；是谓深根固柢[(9)]，长生久视之道[(10)]。

【对译】

治理百姓，保养天赋，没有比爱惜精力更重要的了。正是由于爱惜精力，才能够早做准备，遇事从容；早做准备就叫作不断地积德；不断地积德就没有任何力量不能战胜；没有任何力量不能战胜就无法知道他的极限；无法知道他的极限，才可以保有国家；掌握了保有国家的根本之道，就可以长久维持统治；这就是所说的使得根柢深固，不可动摇，长生久存的道理。

【注释】

(1)治人事天：治人，治理百姓。事，侍奉。天，一指自然，一指自身，这里取后者。意谓治理百姓，保养天赋。

(2)莫若啬：啬，吝啬。本义指过分省俭，该花费而不花费。此处引申为爱惜精神，积蓄力量。意谓没有比爱惜精神更重要的了。

(3)是谓早服：服，通“备”，准备。意谓这就是所说的早做准备。

(4)早服谓之重积德：重，多、厚，含有不断增加的意思。意谓早做(蓄积精神的)准备，就叫作加倍积累德行。

(5)重积德则无不克：克，胜。意谓加倍积累德行就没有什么做不到的。

(6)无不克则莫知其极：极，终极、极限。意谓无往而不胜就不能够确定它的极限。

(7)可以有国：有国，指执掌国家政权，含有保有国家的意思。意谓才能够执掌国家政权而保有天下。

(8)有国之母：母，根本、本源。意谓保有国家的根本之道。

(9)是谓深根固柢：“深”“固”均是形容词使动用法，即使……深、使……固。柢，同“根”。意谓这就是所说的使得根柢深固而不可动摇。

(10)长生久视之道：长生久视，长久维持、永远存在。道，道理。意谓这才是长久存在的道理。

**【新解】**

这一章老子着重说明养生与治国理政的根本方法是要注意保护并持守大道所赋予的德性，并能动地转化为德行。

老子期望体道的侯王或君主应具有寡欲知足、去奢崇俭的品德，因为俭啬是老子所提供的人生必须具备的“三宝”之一(见《道德经》第六十七章)。所谓俭啬，就是爱惜自身，收敛精神，内心纯朴，不事张扬。因此，要早服道，重积德，不断聚积内力，永立不败之地。在老子看来，俭啬用以修身，则谦恭卑弱，守雌处下；用于治国，则处无为之事，行不言之教，这就是长生久视之道。

老子的这一识见是十分深刻的。纵观古今中外的历史，那些亲手酿成政治危机最终导致败亡的统治者，之所以盛极而衰，穷途末路，原因固然很多,很重要的一点是不能内敛含蓄,没有真正做到“啬”。不是清静无为,而是好事多为,造作妄为;不是深藏内敛,而是死要面子;不是积蓄力量、见机而行,而是野心狂妄大于理性思考。

应当指出的是,这一章老子重在从修身养生角度阐释,明确提出“啬”是修身养生的一个十分重要的要求和方法。统治者通过养生健身,精力旺盛,心澄神明,加之再注重提升人品修养,以这种精、气、神去治理国家,处理政务,效果会更好。

【名家品评】

老子所谓道,决不是超脱现象界之外而别有物。乃谓现象界中一切万有皆道之显现。易言之,一切万有皆以道为其体。……一切万象,以道为体,则道固非离一切万有而别有物。若谓道果超越于一切万有之外者,则道亦顽空,而何得名为宇宙实体邪?

——熊十力

若以“箴言”作为鉴别中国圣者的条件,老子确实当之无愧,因为,老子的箴言传达了激奋,实非孔子沉闷乏味的“善”所能办到的。

……

老子的隽语,像粉碎的宝石,不需装饰便可自闪光耀。

——林语堂

## 第六十章

【原文】

治大国,若烹小鲜(1)。以道莅天下(2),其鬼不神(3);非其鬼不神,其神不伤人(4);非其神不伤人,圣人亦不伤人(5)。夫两不相伤(6),故德交归焉(7)。

【对译】

治理大国,就像烹煎小鱼一样。用大道来治理天下,那些鬼怪就不能显灵作祟;并不是鬼怪都不显灵作祟,而是它们显灵也不能伤人;并不是它们显灵不能伤人,而是圣人也不伤害人。鬼神和圣人相互都不伤害,所以神和圣人的恩德最终都造福于百姓了。

【注释】

(1)治大国,若烹小鲜:烹,煎、烧煮。小鲜,小鱼。喻指治理国家不要翻过来倒过去瞎折腾,也就是要无为而治。意谓治理大国就像烹煎小鱼似的。

(2)以道莅天下:莅,莅临、对待。意谓用大道的原则和方法治理天下。

(3)其鬼不神:不神,不作怪、不发挥作用。神,此处作“伸”讲。意谓那些鬼神也发挥不了作用。老子很少谈鬼神,他不相信所谓鬼神的作用,此为《道德经》中唯一的一处。仅此一处,也是从否定鬼神作用的角度讲的。

(4)其神不伤人:伤,妨碍。意谓即便鬼神显灵也伤害不了人。

(5)圣人亦不伤人:圣人以道治理天下,因此不会使人受到任何伤害。

(6)夫两不相伤:夫,发语词,无实义。意谓鬼神和圣人都不妨碍人们的活动。

(7)故德交归焉:德,恩德。交,俱、共。交归,会归。意谓百姓受鬼神和圣人的双重恩德,各个相安无事,便会收到理想的社会治理效果。

【新解】

老子在这一章生动形象地阐释用无为的大道治国理政所带来的显著效果。

“无为而治”是老子治国理世思想的核心，围绕这一核心，老子作了多层面、多角度的论证。这一章从独到新颖的比喻入手，把有关“无为而治”的社会政治理论具体化、形象化了。开篇以“烹小鲜”，喻“治大国”。小鱼体小而肉嫩，烹煎小鱼，一要讲火候，用温火而不能用猛火；二要讲方法，小心移动而不能任意翻搅。否则，猛火则会焦煳，任意翻搅则会碎烂。“治大国”亦如此，假若繁令苛政，多欲妄动，必定扰民乱政，终致国势危殆。

在老子看来，前提是要吃鱼，而不是不吃，这在政治上就是要治，而不是放任自流，放手不治。但在吃时要讲究度，要文火慢煎，这在政治上就是要谨慎小心，不要节外生枝，造作妄为。否则，鱼翻腾碎了，无法再吃；天下乱了，治起来费力。老子以“烹小鲜”比喻治国理政贵在清静无为。

接下来，分析“以道莅天下”亦即凭借大道的原则和方法治理天下的效果。老子所说的“鬼”，其实是一切诡异莫测的邪恶事物或力量的象征。鬼不作祟，正有邪不侵正之意。根本原因就在于圣人以大道治国，博爱万民而绝不伤人，于是鬼怪虽然邪恶也无法抗拒大道主宰的神圣力量。结果，圣人以道治理天下不伤人，一切鬼魅摄于大道的威力销声匿迹也不敢伤人，“两不相伤”，天下百姓就可以安居乐业、持守清静了。神圣之德交归于天下百姓，天下百姓得以自化，天下大治的成效便得以呈现了。

老子这种要求统治者清静无为，从而使百姓各遂其生、自由发展而相安无事的思想是很有创见性的。时至当代，老子“治大国，若烹小鲜”的思想已为人们广泛吸取，成为精辟的管理理念和治国之道，无论对企业，抑或对国家，都有极强的借鉴价值。

**【名家品评】**

假定你了解了老子的文化背景，就该知道无是简单化地总持的说法，他直接提出的原是“无为”。“无为”对着“有为”而发，老子反对有为，为什么呢？这就由于他的特殊机缘而然，要扣紧“对周文疲弊而发”这句话来了解。

——牟宗三

老子所谓道、无,其真实根源乃在巫术礼仪。已是在原始巫舞中出现的神明。在巫舞中,神明降临,视之不见,听之无声,却功效自呈。它模糊而实在,涵盖一切而又并无地位;似物而非物,似神而非神,可以感受而不可以言说。

——李泽厚

# 第六十一章

【原文】

大邦者下流[(1)],天下之牝,天下之交也[(2)]。牝常以静胜牡,以静为下。故大邦以下小邦[(3)],则取小邦[(4)];小邦以下大邦,则取大邦。故或下以取,或下而取[(5)]。大邦不过欲兼畜人[(6)],小邦不过欲入事人[(7)]。夫两者各得所欲,大者宜为下[(8)]。

【对译】

大国居于百川的下游,处于天下雌柔的位置,是天下交汇的地方。雌性常常用宁静战胜雄性,因为安静而又能处下的缘故。所以大国用谦卑的态度对待小国,就能取得小国的拥戴;小国用谦卑的态度交通大国,就会取得大国的容纳。所以有的是靠谦下而统辖小国,有的是因谦下而汇聚于大国。大国不过是想聚合收养人,小国不过是想归附人。这样两者都可以满足愿望,而大国应该甘居卑下。

【注释】

(1)大邦者下流:下流,江河的下游。意谓大国要像江河一样处于下游,以容纳百川之水。

(2)天下之牝,天下之交也:牝,雌性动物,它往往成为受爱慕、被追求的对象。老子以此喻指贵柔居下的益处。交,百川汇合。喻指政治上得到人们倾心归附,热忱拥戴。意谓处于天下雌柔的位置,是天下交汇的地方。

(3)故大邦以下小邦:下,谦让、居人之下。意谓大国以谦让、居后的姿态对待小国。

(4)则取小邦:取,通"聚",会聚、统辖。本章四个"取"都借为"聚"。意谓就会取得小国的拥戴。

(5)或下以取,或下而取:或,指代词,有的。以取,以聚小国,以统辖小国。而取,相聚于大国,被大国汇聚。意谓大国以谦下的姿态取得小国信任,以统辖小国;小国以谦下的姿态得到大国的信任,而汇聚于大国。

(6)大邦不过欲兼畜人:兼,聚起来。畜,饲养,引申为抚养。意谓大国只不过为了加倍增加人口,以壮大国力。

(7)小邦不过欲入事人:意谓小国投入大国的势力范围以侍奉大国君主,其目的在于寻求大国的保护和支持。

(8)大者宜为下:强大者应该谦卑。意谓作为大国尤其应当注意不能恃强凌弱,而应该自处谦下。

**【新解】**

老子在这一章主要讲以什么样的态度和方式处理国与国之间的关系,说明谦下不争是解决国际争端的最佳方法,可以看作中国传统文化发展史上最早的一篇论及处理外交关系的篇章。

春秋末年,诸侯国间割据自守,统治者为了一己私利,经常发生以大欺小、以强凌弱的兼并战争,给百姓带来极大的苦难。如何避免战争,以求和平,是老子深长思之的问题。他敏锐地认识到,在诸侯国错综复杂的矛盾关系中,起主导作用、居于矛盾主要方面的是大的诸侯国,它们幅员辽阔，人多势众，兵多将广，若君主自恃有力，以争霸天下的心态对待小国，处于弱势地位的小诸侯国是无可奈何也无法抵抗的。所以，老子主张“大邦者下流”，亦即大诸侯国要像江河那样甘处下游，以海纳百川的胸襟容纳似涓涓细流的小诸侯国的进入，只有这样，才能在政治上得到小诸侯国的倾心归附和热忱拥戴。

做到这些，大诸侯国无意为大，则自然发展壮大，小诸侯国不甘处小，得到了大诸侯国的容纳和统辖，在外交上有了强有力的靠山，也可免于遭人欺凌，任人宰割。如此，就会形成大小诸侯国各得其所、和平相处、百姓安宁、生产发展的交融和谐局面。这正是一贯具有反战思想，主张无为政治，倡导谦下贵柔、抱朴守静的老子所希望看到的。在当今处于百年未有之大变局的世界，正确处理国与国之间的关系，构建人类命运共同体，摒弃霸凌手段、冷战思维，重建多极世界新秩序，重温老子在2500多年前倡导的处理国与国关系的根本宗旨“大邦者下流”“大者宜为下”，不无积极的借鉴意义。

【名家品评】

老子五千言，上可以通于妙，下可以通于徼，以之求道则道得，以之治国则国治，以之修身则身安。其言常通于是三者。

——清世祖爱新觉罗·福临

老子的战略是反对强暴，主张谦让、居下、雌柔，达到国家之间的和谐自然关系。……大国像江河的下游，让天下百川在这里交汇。大国像天下的雌性，雌性常以安静而胜过雄性，这是因为它居下而能以柔克刚。所以如果大国对小国谦让，就能取得小国的信任和依赖；如果小国对大国谦让，就能被大国所容纳……老子这一段精辟论述，难道不值得当今强国与弱国、大国与小国的领导人认真读几遍吗？

——宫哲兵

# 第六十二章

【原文】

道者万物之奥[1]。善人之宝,不善人之所保[2]。美言可以市[3],尊行可以加人[4]。人之不善,何弃之有[5]?故立天子,置三公[6],虽有拱璧以先驷马[7],不如坐进此道[8]。古之所以贵此道者何?不曰:求以得[9],有罪以免邪[10]?故为天下贵。

【对译】

道是万物的庇荫。是善良人珍视的宝物,不善良的人也必须保有。美妙的言辞可以赢得尊荣,可贵的行为能够赢得尊敬。即使是不善的人也要保有道,怎么会把道舍弃呢?所以拥立天子,设置三公,虽然举行拱璧在先驷马在后的隆重礼仪,还不如就用道作为献礼。古代重视道的原因是什么呢?不就是说:善人求天道随时可以获得天道,不善的人得到天道则可以免除罪过吗?所以大道才被天下人所珍视。

【注释】

(1)道者万物之奥:奥,深藏隐秘处,含有庇荫、主导的意思。意谓道是天下万物的庇护者、主导者。

(2)善人之宝,不善人之所保:宝,珍宝、宝贵的东西。引申为所珍惜的东西。不善人,指恶人。保,保有、保持。意谓道是善良人所应珍惜的东西,不善良的人也必须保有。

(3)美言可以市:美言,动听的语言、大言。市,原指交易的场所,引申为博得、赢取。意谓华丽的言辞可以赢得尊荣。

(4)尊行可以加人:尊行,指悟道、守道等。加,施予。加人,对人施加影响。意谓可贵的行为可以对人施加影响。

(5)人之不善,何弃之有:即使是不善之人,也要保有道,怎么可能把道抛弃在一边呢?

(6)三公:周朝指太师、太傅、太保。泛指辅佐君王的最高权臣。

(7)虽有拱璧以先驷马:拱,双手拱抱。璧,美玉。璧以双手拱抱,乃言其大,泛指最贵重的礼节。以,与、及。驷马,四匹马拉的车,泛指高官重爵。拱璧在先,驷马在后,这是古时献奉的隆重礼仪。意谓不仅有大美玉,还有很多车马。

(8)不如坐进此道:进,奉献。指地位低的人向地位高的人献礼。意谓还不如不拘礼仪用道来进献。

(9)求以得:有求就能得到。意谓善人求天道,随时可以得到天道。这是针对道为"善人之宝"所发的议论。

(10)有罪以免邪:罪,祸殃、灾祸。免,免除。邪,通"耶"。这句是对前面"不善人之所保"一句的说明,即有罪的人得到道则可免却罪过,所以不善的人对道也要加以保持。

**【新解】**

老子在这一章着重论述大道的普施性。

开篇便以"道者万物之奥"一句,肯定了道的地位与作用。作为天下万物、芸芸众生的庇护者,道不仅庇护善良的人,也同样一视同仁地庇护那些不善良的人。因此,善良的人懂得学道、悟道、体道,把道视作非常珍贵的东西,不善良的人也应如此,也不能把道轻易抛弃。

在老子看来,天子即位、设置三公时,人们以进奉拱璧、驷马的隆重礼仪来祝贺,反倒不如把天下大道作为献礼。原因很简单,道是"善人之宝,不善人之所保",它以博大的胸怀包容一切,含藏一切,孕育一切,善人与不善人都离不开它,这比立天子、置三公、聘问诸侯的烦琐礼仪更为有效实用。所以,道"为天下贵",普天下的人都珍视它。

老子通过对道无处不在、无时不有普施性的阐释，意在强调学道、尊道、行道的重要性，告诫统治者舍弃华丽的辞藻和貌似庄重的礼仪，不造作，不扰民，不搞形式、图虚名，施行清静无为政治，奉行天下大道。在这里，老子强调以自然无为的态度体道比拥有任何财富都更珍贵。自然无为的珍贵之处，不在于要“求以得”，而在于可以免除灾祸。“求以得”依据的是加法原则，其目的在于求得最大的幸福；“有罪以免”依据的是减法原则，其目的在于尽量避免痛苦，这是两种不同的思路。

【名家品评】

余谓老子譬之大医，医方众品并列，指事施用，都可疗病。五千言所包亦广矣，得其一术，即可以君人南面矣。

——章太炎

老子是孔子前最伟大的哲学家。《道德经》出自何人手笔，倒是次要的问题，最重要的乃是它所蕴涵的思想，在思想史中，它的确可以称得上是最迷人的一部奇书。……或许，除了《道德经》外，我们将要焚毁所有的书籍，而在《道德经》中寻得智慧的摘要。

——(美)威尔·杜兰

## 第六十三章

【原文】

为无为(1)，事无事(2)，味无味(3)。大小多少(4)，图难于其易，为大于其细(5)；天下难事，必作于易(6)，天下大事，必作于细。是以圣人终不为大，故能成其大(7)。夫轻诺必寡信(8)，多易必多难(9)。是以圣人犹难之(10)，故终无难矣(11)。

【对译】

把无为当作最上乘的为;把无事当作最高明的事;把无味当作最美好的味。大生于小,多起于少,化解难题要在它还容易的时候,成就伟大要在它还微小的时候;天下的难事,一定要从容易处做起;天下的大事,一定要从细微处做起。因此圣人从不自认为伟大,所以能够成就他的伟大。轻易许诺一定很少能守信,看事情太容易一定先遇上各种困难。因此,圣人总把事情设想得艰难些,所以最终没有困难。

【注释】

(1)为无为:第一个“为”是意动用法,以……为。意谓以无为为最高明的为,亦即把无为当作最上乘的为。

(2)事无事:第一个“事”是意动用法,以……事。意谓以无事为最理想的事,亦即把无事当作最高明的事。

(3)味无味:第一个“味”是意动用法,以……味。意谓以无味为最美的味,亦即把无味当作最美好的味。

(4)大小多少:大生于小,多起于少。意谓见微知著。

(5)图难于其易,为大于其细:图,图谋,引申为处理、解决。意谓克服困难要从容易处着手,成就大事要从细微处做起。

(6)必作于易:作,兴、始。易,容易、简单。意谓从容易做的事开始。

(7)是以圣人终不为大,故能成其大:不为大,不自以为大,不自我膨胀。意谓得道的圣人始终不自以为是、自我膨胀,甘于自处弱小,反而能够变得真正强大。

(8)夫轻诺必寡信:意谓轻易承诺,必定缺少信用。

(9)多易必多难:意谓过多估计有利因素,必定在实践中遇到许多困难。

(10)是以圣人犹难之:难,谨慎。犹难之,谨而行之。意谓得道圣人行事处世总是重视困难的一面,不敢稍稍松懈、轻率而为。

(11)故终无难矣:难,困难、磨难。意谓最终没有大的困难与磨难。

【新解】

这一章老子重在说明防患于未然是克服困难最好的办法,从小处做起是成就大业最好的办法。

老子以“为无为,事无事,味无味”起兴,在倡扬其作无为之为、行无事之事、味无味之味的清静无为、恬淡处世思想的同时,又运用辩证思维方式,重点阐发大小多少、难易巨细、由小成大、由少成多的道理。老子认为,事物的产生发展都是由小变大,由少变多,由量变而质变,由量的积累终至质的飞跃的过程。因此,对于难以处理的事情,要从最容易的地方着手;对于大的事情,要从小处、细微处着手,因为往往细节决定成败。

在老子看来,“为无为”是不造作妄为,而是为了更好地有为;“事无事”并非无所事事,而是为了成事;“味无味”不是只吃无味的东西,而是为了追求最美好的味道。这是一种达于化境的人生修养和治国理世境界。

同样的道理运用到圣明君主的修身养性和治国理世上,就不难看出,大凡得道的君主从不自以为是、自我膨胀,他们自甘卑下,自处弱小,结果在人们心目中反而变得真正强大。亦即“圣人终不为大”,就是为了能“成其大”。只要慎重缜密地对待一切困难,不轻易许诺,草率行事,就能由易而难,由小而大,最终到达胜利的彼岸。

老子的这种做事情要从大处着眼、小处入手,要由易到难、由小及大的辩证思维方法,是富有超越时空价值的正确思维方法,业已成为人们的共识,直到今天,仍有重要的启迪意义。

【名家品评】

道德二经治世之要道。

——宋真宗赵恒

道有本有末,本者万物之所以生也,末者万物之所以成也。本者出之自然,故不假乎人之力而万物以生也;末者涉乎形器,故待人力而后万物以成也。夫其不假人之力而万物以生,则是圣人可以无言也、无为也;至于乎有待于人力而万物以成,则是圣人之所以不能无言也、无为也。

——(宋)王安石

## 第六十四章

**【原文】**

其安易持(1),其未兆易谋(2)。其脆易泮(3),其微易散(4)。为之于未有,治之于未乱(5)。合抱之木,生于毫末(6);九层之台,起于累土(7);千里之行,始于足下。为者败之,执者失之。是以圣人无为故无败,无执故无失(8)。民之从事,常于几成而败之(9)。慎终如始(10),则无败事。是以圣人欲不欲(11),不贵难得之货;学不学(12),复众人之所过(13),以辅万物之自然而不敢为(14)。

**【对译】**

事物处于安定状态时容易把握,问题未露征兆时容易谋求解决。事物处于脆弱状态时容易消融化解,事变刚刚萌芽时容易得到处理。要在问题还没出现时就处理好,要在祸乱尚未形成时就控制住。合抱的大树,由细小的树苗长成;高高的土台,由一筐筐泥土堆起;遥远的行程,从脚下第一步开始。有意作为的一定会失败,刻意把持的反而会失掉。因此圣人不有意作为,也就不会失败;不刻意把持,也就不会落空。一些人做事,常常在快要成功时失败。面对事情结束时,能像开始时那么谨慎,就不会招致失败了。因此圣人的欲望表现为没有任何欲望,不看重稀有的物品;圣人的学问表现为没有学问,补救众人所犯的过错,以此助成万物自然如此的状态,而绝不妄加干预。

【注释】

(1)其安易持:安,稳定。持,保持。意谓事物处于安定状态的时候容易保持和把握。

(2)其未兆易谋:未兆,没有征兆、变化尚未显现。谋,谋虑、图谋。意谓事物未露苗头的时候容易制定对策。

(3)其脆易泮(pàn):脆,易折断、易破碎的状态。泮,通“判”,分开、消解。意谓当事物处于脆弱状态时容易消融化解。

(4)其微易散:散,分散。意谓事变刚刚萌芽时容易得到处理。

(5)为之于未有,治之于未乱:意谓要防患于未然,在祸乱没有产生之前就处理妥当。老子主张要把可能的动乱迅速消灭于萌芽状态。

(6)合抱之木,生于毫末:合抱,展开双臂抱持。毫,长而细的绒毛。末,尖端,喻指极细小的萌芽。意谓双臂合抱的大树是由细小的萌芽长成的。

(7)九层之台,起于累土:九,虚数,形容极高极多。累土,积累的泥土。意谓极高的土台是由一筐筐泥土堆积而成的。

(8)是以圣人无为故无败,无执故无失:因此得道的圣人不好事妄为就不会遭到失败,不勉强保持就不会丧失什么。

(9)民之从事,常于几成而败之:从事,做事情。几成,接近成功、快要成功。意谓一些人做事情,常常在将要成功时遭受挫折。

(10)慎终如始:意谓像开始时一样谨慎地对待结束。

(11)是以圣人欲不欲:欲不欲,句式与“为无为,事无事,味无味”相同,意为欲而不欲。意谓因此圣人的欲望表现为没有任何欲望。

(12)学不学:学而不学。意谓圣人的学问表现为没有繁杂浮华的学问。

(13)复众人之所过:复,反、返。引申为补救、弥补。过,过错、过失。意谓设法弥补芸芸众生所常犯的错误。

(14)以辅万物之自然而不敢为：辅，辅助。为，人为造作、有意作为。意谓辅助万物的自然发展变化而绝不妄加干预。

【新解】

这一章以诸多朗朗上口的名言警句列举人们司空见惯的、自然的、社会的现象，强调圣人治世重在“无为”“无执”，防患于未然的最好的方法是“慎终如始”。

老子从哲理思辨的层次，深刻阐述了“千里之堤，溃于蚁穴”的事物演变的内在逻辑与见微知著、未雨绸缪的重要性，表达了防微杜渐、行无为自然之道的观点。本章首先列举四种现象，指出在事物产生发展的初始阶段，处于安定、未见征兆、脆弱微小的状态，这是最容易谋划对策，加以维持、化解、消散的有利时机，从而得出“为之于未有，治之于未乱”的结论。接下来，论述任何事物都是从细小开始发展而来的，因此，只有完整、深入地了解事物积少成多、积微成著的规律，才能准确地把握防微杜渐、治乱未萌的有利时机。

老子清醒地认识到，一般的人正是没有深入认识上述道理，所以才“常于几成而败之”，亦即常常在事情将要成功时而遭受挫折，招致失败。为了避免这种结果出现，老子开出了三剂医治的良方：

一要“无为”“无执”。“为”“执”皆争于事功，既不明事物大生于细、高起于下、远行始于足下的发展规律，又轻视谋易图难、散微制巨的先机，遂不顾时机和条件妄加处置，结果欲速不达，功败垂成。所以老子要求“无为”“无执”，顺应规律而自然处置。

二要“慎终如始”。慎始慎终，一如既往，认真负责，坚持到底。避免浅尝辄止，半途而废，始终持道而行，无为不懈。

三要“欲不欲”“学不学”。要想常人所不想，不以世俗私欲为己欲；要学常人所不学，不以世俗庸学为己学。这样，就可以补救芸芸众生所常犯的错误，就能够辅助万物的自然发展变化而绝不妄加干预。如此，就能够在法尔如是的自自然然的状态中,既成就自己,又战胜困难,最终有效治理天下。

【名家品评】

老子之学,大抵以虚静无为、冲退自守为事。故其为说,常以懦弱谦下为表,以空虚不毁万物为实。

——(宋)朱熹

老子的《道德经》(《老子》)是我国传统文化的重要源头,是一部博大精深、具有永久魅力的"文化元典",是中国思想史和中国哲学史上一座彪炳千秋的历史丰碑,是源远流长的中华民族文化和民族精神的重要组成部分。

——董京泉

## 第六十五章

【原文】

古之善为道者[1],非以明民[2],将以愚之[3]。民之难治,以其智多[4]。故以智治国,国之贼[5];不以智治国,国之福[6]。知此两者亦稽式[7]。常知稽式,是谓"玄德"。玄德深矣,远矣[8],与物反矣[9],然后乃至大顺[10]。

【对译】

从前善于推行道的人,不是用道来使百姓精明机诈,而是用道来使百姓浑朴愚拙。百姓所以难于治理,是因为他们智巧过多。所以用智巧来治理国家,是国家的祸害;不用智巧来治理国家,是国家的福气。认识了这两者就是明白了治国的法则。总是处于明白法则的状态,就称为神奇的德。神奇的德又深奥又遥远啊,与万物一起返归本始真朴,然后进入最自然的境界。

【注释】

(1)古之善为道者:为道,取法于道、奉行大道。意谓古代善于奉行大道的人。

(2)非以明民:明,精巧、智巧。意谓并不是用道来使百姓聪明而有智巧。

(3)将以愚之:愚,淳朴、敦厚,使动用法,使……愚。意谓凭借着道的奉行使百姓愚拙敦厚,回复到婴儿般混沌淳朴的状态,并非使百姓变得愚蠢,抑或愚民。

(4)民之难治,以其智多:智,巧诈、智巧。意谓百姓之所以难以治理,是因为其机巧过多,脱离了混沌淳朴状态。本章中的“智”与第十九章“绝智弃辩”的“智”含义相同,皆指智巧、机巧,而非智慧。

(5)故以智治国,国之贼:贼,祸害、灾祸。意谓依靠智巧治理国家,是国家的祸害。

(6)不以智治国,国之福:福,福祉、幸福。意谓不凭借智巧治理国家,是国家的福祉。

(7)知此两者亦稽式:知,识别、辨别。两者,指上文“以智治国,国之贼;不以智治国,国之福”而言。亦,乃、为。稽式,法式、准则、标准。意谓知道这两者的差别,也就明白了治国的法则。

(8)玄德深矣,远矣:玄德,神奇而又深邃的德。深矣,远矣,意谓去智返朴以指导治国理世的道理十分精细,非常深奥。

(9)与物反矣:反,通“返”。意谓引导万物复归于真朴。

(10)然后乃至大顺:大顺,指自然通泰,绝无滞阻。意谓然后才能够进入最自然的境界。

【新解】

老子在这一章论述了治国理政的基本法则,抨击了用智巧治国的危害。

春秋末年社会动荡,机巧丛生,各诸侯国间斗智斗巧,统治者如此,而上行下效,一些百姓亦复如此。面对乱世,如何施行有效的治理?老子做了深入思考。他认为,引导百姓步入太平盛世是举国上下的共同心愿,既需要统治者奉行“无为而治”,也需要百姓起而响应,以淳朴敦厚的姿态顺应这种治理方式。如果仅仅统治者不造作妄为,而民间却多机谋智巧,如此一来,上下不能够相互呼应,形成共识,施行“无为而治”就是一句空话。正是基于这种思考,老子明确提出了“古之善为道者,非以明民,将以愚之”的著名命题。这一命题的依据就是尧、舜时代的治世状态。因为老子认为,只有尧、舜之治才称得上是圣人之治,达到了“无为而治”的程度。虽然举的是古代的例子,实际是让当世统治者听的。

需要指出的是,不少论者据此认为老子提倡的是“愚民”政策,这种看法,仅从字面上理解“愚”乃使天下百姓愚昧无知,是失之偏颇的。其实,把老子这一命题放在春秋末年的社会大背景中考察,再联系老子围绕“无为而治”所作的一系列阐述,就不难看出,“非以明民,将以愚之”中的“明”是因巧诈过多,遮蔽了本来的良知与淳朴而形成的,实为“不明”;“愚”实为“自然”的代称,是一种颇具良知、婴儿般混沌淳朴的状态,实为聪明。所以,老子才理直气壮地宣称“以智治国,国之贼;不以智治国,国之福”,并认为认识了这两者就是真正明白了治国理世的基本模式和法则。能够明白这种模式和法则并自觉运用于治国理世实践,就能够达于“玄德”,进入治国理世最自然的境界,也就是“无为而治”的境界。

总之,本章阐述以“愚”理民,以“愚”治国的政治理想,是老子对“无为而治”治国理念的另一个角度的论证。

【名家品评】

道本在我，人患不求，求则得之矣。道无功罪，人患不知，知则凡罪不能污矣。

——(宋)苏辙

《老子》之书，上之可以明道，中之可以治身，推之可以治人。

——(清)魏源

老子为术，至如此数章，可谓吐露无余者矣。其所为，若与“物反”，而其实以至“大顺”。而世之读《老》者，尚以愚民訾老子，真痴人前不得说梦也。

——严复

## 第六十六章

【原文】

江海之所以能为百谷王者(1)，以其善下之(2)，故能为百谷王。是以圣人欲上民，必以言下之(3)；欲先民，必以身后之(4)。是以圣人处上而民不重(5)，处前而民不害(6)。是以天下乐推而不厌(7)。以其不争，故天下莫能与之争。

【对译】

江海所以能成为百川归往之处，是因为它善于处在低洼的位置，所以能成为百川归往之处。因此圣人想要居于百姓之上，一定要言辞谦下；想要居于百姓之前，一定要把个人利益放在百姓后面。因此圣人居于上位而百姓不觉得有负担，站在前列而百姓不觉得有妨碍。于是天下人乐于推举他而不讨厌他。因为他不跟天下人争，所以天下没有人能够与他争。

【注释】

(1)江海之所以能为百谷王者:谷,溪谷、山涧。王,主宰,引申为归往、汇总。意谓江海之所以能够成为无数大小河流的汇集处。

(2)以其善下之:下之,居百谷之下。言江海甘处下流,能谦下包容,涵纳兼聚。意谓因为它甘处下流,能够涵纳兼聚。

(3)是以圣人欲上民,必以言下之:上,本义指君王,此处作动词用,意为君临天下。意谓圣人想号令天下,统治民众,必须出言谦卑,甘居下位,不随意对民众发号施令。

(4)欲先民,必以身后之:意谓想要统率民众,必须把自身的利益放在百姓之后。

(5)是以圣人处上而民不重:重,累、不堪。不重,不以负担为重。意谓圣人虽然位居百姓之上,但百姓并未感到不堪重负。

(6)处前而民不害:害,妨碍、伤害。意谓虽然站在百姓前面,但百姓不觉得受到伤害。

(7)是以天下乐推而不厌:推,推崇、褒扬。厌,嫌恶、厌弃。意谓百姓对统治者乐于推崇拥戴,而没有丝毫的厌恶不满。

【新解】

老子在这一章集中阐述以民为本,不争,"天下莫能与之争"的道理。《道德经》中多次以水喻道,以川谷喻道,指出天下大道柔弱不争、谦下贵柔的本质属性,这是"以百姓心为心"民本思想的题中应有之义,也是统治者施行无为之治的具体方式与方法。

本章开篇,老子即以江海能为"百谷王"为喻,说明因其善下之,才能海纳百川,形成江海。由此很自然地说到"圣人"治国最重要的是要处理好与天下百姓的关系,提出"欲上民,必以言下之;欲先民,必以身后之"的基本原则,能坚守这一基本原则并贯彻始终,就能够进入自然之治的境界。以至于统治者居于庙堂之高而天下百姓不觉得有负担，站在百姓前列而百姓不觉得有妨碍，终致"天下乐推而不厌"。收到这种治理效果，全是"不争"之功。

在老子看来，上下、先后是对立的统一。有上则有下，有下方有上；有先则有后，有后方有先。把这个道理应用到政治上，就是"欲上民，必以言下之；欲先民，必以身后之"。这样，百姓与圣人便和谐统一了。老子在这里强调了统治者具有谦下不争之德的重要性，认为：统治者只有肯处下，才会最终居上；只有"无为"，才能"无不为"。

老子的思想对于治理国家和社会有着重要启示意义。作为管理者，只有虚怀若谷，礼贤下士，深入下层民众中，体察百姓疾苦，制定出合乎百姓利益的政策来，才能够受到百姓拥护，享有崇高威望。因此，应该从老子的阐述中吸取有益成分，认真思考如何通过"以其不争"达于"天下莫能与之争"的境界。以"不争"争，以"无为"为，是人生的大智慧，也是管理的大境界，值得人们认真借鉴。

**【名家品评】**

老子的"不争"，并不是一种自我放弃，并不是消沉颓唐，他却要人去"为"，"为"是顺着自然的情状去发挥人类的努力，人类努力所得来的成果，却不必擅据为己有。这种贡献他人而不和人争夺功名的精神，亦是一种伟大的道德行为。

——陈鼓应

在当代社会的各个领域，老子及其道家思想的灵魂，还在以各种不同方式发生着这样或那样的作用，渗透在各个生活领域和学术领域，具有重要的社会价值。

——葛荣晋

# 第六十七章

## 【原文】

天下谓我:“道大,似不肖。”[(1)]夫唯大,故似不肖。若肖,久矣其细也夫[(2)]!我有三宝,持而保之。一曰慈[(3)],二曰俭[(4)],三曰不敢为天下先[(5)]。慈故能勇[(6)];俭故能广[(7)];不敢为天下先,故能成器长[(8)]。今舍慈且勇[(9)];舍俭且广;舍后且先;死矣!夫慈,以战则胜,以守则固[(10)]。天将救之,以慈卫之[(11)]。

## 【对译】

天下人都对我说“道太大了,似乎什么都不像”。正因为它太大,所以似乎什么都不像。如果像是什么东西,早就变得很渺小了!我有三件法宝,一直把握并保持它。第一叫慈爱,第二叫节俭,第三叫不敢居于天下人之先。慈爱所以能勇敢,节俭所以能扩大,不敢居于天下人之先,所以能够成为万物的首长。现在如果舍弃慈爱而求取勇敢,舍弃节俭而力求扩展,舍弃退让而争取领先,结果只有死亡了!慈爱这个法宝啊,用于争战就能获胜,用于守卫就能巩固。上天要救助一个人,就会用慈爱去保护他。

## 【注释】

(1)天下谓我“道大,似不肖”:肖,像、相似。意谓天下人都对我说“道太大了,似乎不像任何具体的东西”。

(2)若肖,久矣其细也夫:久矣,早就。细,微小、渺小。意谓假如道真的像某一具体事物,那么它早就是十分渺小的了。

(3)慈:柔慈、慈爱、宽容。

(4)俭:节制、俭约。意谓持有而不尽用。

(5)不敢为天下先:不敢处在天下人的前面。意谓在各种利益面前,能退让谦和,不与百姓争利。

(6)慈故能勇:故,反而。勇,强健有力。意谓能富于慈爱心,所以能够勇敢地压倒一切。

(7)俭故能广:广,扩大。意谓俭啬所以能厚广。

(8)故能成器长:器,物,指万物。长,头领、首长。意谓能够成为万物之长,天下的领袖。

(9)今舍慈且勇:舍,舍弃、丢掉。且,取、求。意谓舍弃宽容而追求勇敢。

(10)夫慈,以战则胜,以守则固:慈爱,用于进攻就胜利,用于守卫就稳固。

(11)天将救之,以慈卫之:上天对凡是准备予以帮助的对象,总是敞开怀抱,用宽容与爱心去保护它。

【新解】

这一章老子由道的基本特征说起,向人们介绍了他一直持守的"三宝",亦即慈、俭、不敢为天下先,指出这是每个人尤其是治国理政者应当具备的三大德性。

老子认为,作为世界的本原和宇宙的本体,道是一个高度抽象、高度概括的范畴,只能由思维形式来表述,并不直接适用于客观现实中的具体事物和现象。因此,这一章开篇即明确回答世人"道大,似不肖"的诘问:"夫唯大,故似不肖"。老子曾反复论证道之博大,在第二十五章指出"强字之曰'道',强为之名曰'大'。大曰逝,逝曰远,远曰反,故道大"。道体为宇宙之本源,博大无涯,周流不息。而"不肖"之说,则是指大道具有"大象无形"的属性,它混沌恍惚,无象无形,所以和具象有形的天地万物没有一个相类似的,但它却具有涵容万物、生化一切的原始创造力。老子告诉世人,设想以具象有限的小事小物描摹无形无限的大道,非但不可能,即便描述出来,那也不是真的大道,只能是具体事物。

老子在阐明道体宏博广大的基础上,提出大道“孔德之容”(《道德经》第二十一章),降落到人间社会,具有“三宝”之德性:“一曰慈,二曰俭,三曰不敢为天下先。”在老子看来,依照道的原则精神,只有慈爱、宽容,才能勇敢;只有节制、俭约,才能广大;只有退让、谦和,不与百姓争利,才能不断进取。世人多以盲目进取、冒进为能事,而以退让谦和、甘居人后、不敢为先为耻辱。殊不知,盲目冒进多取其咎,不敢为先反得人心,并终“能成器长”,亦即成为天下人的领袖。不少人往往走了相反的道路,钻进死胡同,其结果常常事与愿违。

篇末,老子再次强调慈的作用,“三宝”之中,慈为先,慈为前提。能够持守慈的法宝,“以战则胜,以守则固”,上天对凡是准备予以帮助的对象,总是敞开怀抱,用宽容与慈爱的善良之心来佑护它。

老子的这些论述包含着丰富的辩证法思想。他所列举的“慈”与“勇”、“俭”与“广”、“后”与“先”,原是矛盾的两个对立方面,是相反相成,可以相互转化的。老子之所以在本章的阐释中有意忽略二者的相互转化,坚定地标榜“慈”“俭”“后”,并未背离他所一贯倡导的辩证法精神,而是与他的“弱者,道之用”的大道流行原则和“无为而无不为”的治国理世方略以及谦下贵柔、抱朴守静的修身养性精神一脉相承的,这实质上是一种从更高更广层面上认识和分析事物的辩证法精神的具体展现。

**【名家品评】**

道家在中国哲学史上的最大贡献,是开创了哲学本体论。孔子罕言天道,认为天是最大的,“唯天为大,唯尧则之”。老子则提出了天地起源的问题,认为天不是最根本的,而最根本的是“先天地生”的“道”。提出天地起源的问题,这是理论思维的大突破,在哲学史上具有重要意义。

——张岱年

道家的思想,在探究宇宙和谐的奥秘、寻找社会的公正与和平、追求心灵的自由和道德完满三个层面上,对我们这个时代都有新启蒙思想的性质。道家在两千多年前发现的问题,随着历史的发展,愈来愈清楚地展现在人类的面前。

——(比利时)普利高津

# 第六十八章

**【原文】**

善为士者,不武(1);善战者,不怒(2);善胜敌者,不与(3);善用人者,为之下。是谓不争之德,是谓用人,是谓配天(4),古之极也(5)。

**【对译】**

善于担任将帅的人,不崇尚武力;善于作战的人,不轻易发怒;善于克敌制胜的人,不短兵相接;善于用人的人,对人态度谦下。这叫作不与人争的德性,这叫作运用别人的力量,这叫作符合天道的规则,这是自古以来的行为法则。

**【注释】**

(1)善为士者,不武:为,治理、管理,这里作统率、率领讲。士,春秋以前的士主要指武士,这里引申为军事统帅。不武,不崇尚武力。意谓善于统兵打仗的人,不炫耀武力。

(2)善战者,不怒:怒,愤怒、愤懑。引申为气势强盛,失去理智。意谓善于领兵打仗的人,不丧失理智。

(3)不与:不相斗、不交战。意谓不同敌人正面交锋。

(4)是谓配天:配,相称、匹配,引申为符合。天,喻指自然之道。意谓这就是所说的符合自然之道。

(5)古之极也:极,准则、最高的法则。意谓这是自古以来最高的法则。

【新解】

老子在这一章以战事比喻不争之德,着重阐释退守无为的哲学思想在军事斗争领域的运用。

“不武”“不怒”,是讲不能逞匹夫之勇,意气用事,争强好胜。“不与”“为之下”,是讲“以奇用兵”(《道德经》第五十七章),谦恭用人,避免正面交锋、杀伤士卒。只有在战争中秉持不争之德,珍惜人力、物力,以最小的代价夺取最大的胜利,才符合最高的自然之道。

值得注意的是,老子从统兵、攻战、胜敌、用人四个方面列举了不争之德的四种表现,即不耀武逞强,不动怒发威,不争胜斗狠,善谦下用人。由这四种表现可见,不争之德是老子“三宝”之首慈德的集中表现。有柔慈之心就能够以宽爱待人,能得人才之用;有柔慈之心就能够以谦下接物,能得士卒之附。所以,或战或守,将士都会勇于效命。

慈勇是不争而制敌之大勇,慈怒是安民而治世之大怒,慈战是不战而屈人之兵之上战,慈胜是以柔弱胜刚强之至胜。在老子看来,不争之德得人、配天,既顺民心而得人和,又顺天道而合自然。它使人天顺化,与道合一,自然战无不胜,攻无不克,永远立于不败之地。应当说,这是一种极高的军事战略境界,后世诸多军事谋略家将老子这一思想奉为圭臬,并汲取以《孙子兵法》为代表的战略观念和战术原则,产生了深远影响。

【名家品评】

老子出在那个前六世纪,毫不觉得奇怪。他不过是代表那六百年来以柔道取容于世的一个正统老儒;他的职业正是殷儒相礼助葬的职业,他的教义也正是《论语》里说的“犯而不较”“以德报怨”的柔道人生观。

——胡适

讲这几句话(“这几句话”指的是艾博契特在所著《二十二种新管理工具》一书中,引用老子的“善用人者为之下,是谓不争之德,是谓用人”这几句话——引者),至今已有两千年历史,它代表见识不凡的管理者长久以来都在努力,但仍未有人能够趋近这种道的境界。从某种意义来看,管理者的历史,也就是试图实践这项基本观念的历史。

——(美)艾博契特

# 第六十九章

## 【原文】

用兵有言:“吾不敢为主,而为客[1];不敢进寸,而退尺。”是谓行无行[2];攘无臂[3];扔无敌[4];执无兵[5]。祸莫大于轻敌,轻敌几丧吾宝[6]。故抗兵相若[7],哀者胜矣[8]。

## 【对译】

兵法家说:“我不敢主动进攻,宁愿被动防御;不敢前进一寸,宁愿后退一尺。”这就是说陈列而没有阵势,奋举而没有臂膀,对抗而没有敌人,持握而没有兵器。祸患没有比轻视敌人更大的了,轻视敌人将会丧失我的法宝。所以两军对抗而兵力相当时,慈悲的一方可以获胜。

## 【注释】

(1)吾不敢为主,而为客:主,主动者、先发制人者,指战争中主动进攻的一方。客,被动者、防御者,指战争中被动应战的一方。为主,进犯、采取攻势。为客,采取守势,不得已而应敌。意谓用兵征战,我不敢主动进攻,宁愿被动防御。

(2)是谓行无行:行,前一“行”,读 xíng,动词,行动、行军。后一

“行”,读 háng,名词,行列、阵势。意谓行军虽然有阵势,却像没有阵势可摆一样。

(3)攘无臂:攘,高举。攘臂是发怒而高举臂膀的意思。意谓虽然要奋臂,却像没有臂膀可举一样。

(4)扔无敌:扔,相就、相抗衡。扔敌是就敌的意思。意谓虽然面临敌人,却像没有敌人可对峙一样。

(5)执无兵:兵,兵器。意谓虽有执持之势,却像不实握兵器一样。

(6)轻敌几丧吾宝:几,近。宝,即慈、俭、不敢为天下先“三宝”。意谓轻敌几乎丧失了我克敌制胜的法宝。

(7)故抗兵相若:抗兵,两相对抗之兵。意谓两军实力相当。

(8)哀者胜矣:哀者,含有“慈”的意思。引申为不乐于战争,怀有悲天悯人之情愫,被迫悲愤应战的一方。意谓常常是怀有慈爱之心、悲愤应战的一方获胜。

**【新解】**

老子在这一章立足于守雌贵柔的天下大道的基本立场,深刻阐发以退为进、柔慈谦让、后发制人的作战指导思想。

首先,谈后发制人的战略思想,提出“不敢为主,而为客;不敢进寸,而退尺”的用兵原则。这一用兵原则包含三层意思:一为反战。老子反对主动挑衅,发动战争,因为“以道佐人主者,不以兵强天下。其事好还”。(《道德经》第三十章)。二为退让。老子在战略指挥上反对先发制人的主动进攻,而主张以客待主、以守应攻、后发制人的被动攻势。三为制胜。战则以退为进,以慈胜武,以逸待劳,以静制动,必求制胜来犯之敌。

其次,阐述后发制人的战术原则。一要“行无行”。亦即行军于敌军所不行,使得行军作战仿佛无阵势可摆。二要“攘无臂”。亦即袭敌于敌军所不备,使得奋臂拼杀却像无臂膀可举似的。三要“扔无敌”。亦即擒敌于敌军所不防,使得虽然面对敌人,却像没有敌人可对峙一样。四要

"执无兵",亦即摧敌于敌军所不重,使得士兵虽有兵器,却像没有兵器可供握持一样。凡此种种,正是老子顺任虚无柔弱的大道本性在军事指挥上的贯彻和运用,亦即避实击虚,专攻敌之空虚无备、脆弱微小的环节和部位。

最后,老子一针见血地指出:"祸莫大于轻敌,轻敌几丧吾宝。"也就是两军对垒之际,军事指挥最常犯的致命错误和所应警惕的最大灾祸就是轻敌。老子认为,不论是先发制人,抑或是后发制人,轻敌都是不可饶恕的错误和导致失败的祸根。如若轻敌,必"丧吾宝",最终葬送军队、国家和百姓。由此自然得出结论:"故抗兵相若,哀者胜矣。"两军实力相当、力量均衡之际,后发制敌、不骄躁、不轻敌的哀兵,必定战胜狂傲轻敌的骄兵。戒轻敌,居哀慈,是老子后发制胜的法宝,这一法宝,在军事斗争领域具有不可忽视的借鉴意义及应用价值。

**【名家品评】**

言兵者师之。

——(明)王夫之

道家反对战争与贫富不均,崇尚自由、自然与不干涉。……自然和谐的生活,是人类的共同需求,自由不能妨碍自然。某种意义上讲,自然相比自由具有更高的价值。中国道家的核心思想就是自然和谐,它对于解决国际上自由、冲突与战争问题有一套独特的战略思维。

——宫哲兵

## 第七十章

**【原文】**

吾言甚易知,甚易行。天下莫能知,莫能行。言有宗[1],事有君[2]。

夫唯无知[3]，是以不我知[4]。知我者希[5]，则我者贵[6]。是以圣人被褐怀玉[7]。

【对译】

我说的道理非常容易明白，非常容易实行。天下却没有人能够明白，没有人能够实行。说话有主旨，行事有根据。正是因为人们不明事理，所以才不了解我。能了解我的人很少见，能效法我的人很可贵。所以圣人虽然身披粗布衣服，怀里却揣着美玉。

【注释】

(1)言有宗：宗，主旨、纲领。老子在这里喻指他所一再宣示的天下大道，下句"君"同。意谓言论有主旨。

(2)事有君：君，主宰、根据。意谓做事有根据、有原则性。

(3)夫唯无知：别人不理解。意谓一般的人不了解天下大道的奥妙。

(4)不我知：即"不知我"。不了解我，意谓对我深刻的大道哲理茫然无知。

(5)知我者希：希，通"稀"，稀少。意谓知道、了解我的人十分稀少。

(6)则我者贵：则，法则，引申为取法、效仿。贵，难得。意谓效法追随我的人十分难得。

(7)是以圣人被褐怀玉：被，同"披"。褐，粗布做的衣服，是平民的或大众化的服装。玉，美玉，喻指大道与美德。身穿粗布衣服怀里却揣着美玉，喻指外表平常而内心高尚。意谓得道的圣人外表朴实平常，内心高远超凡。

【新解】

老子在这一章把自身摆进去，说明要从根本上学道、悟道、体道，最终成为得道之人。

古往今来的大智慧者，由于其视野的高远与超迈、思维的深邃与细密、观点的独到与超前、行事的谦下与居后，常常不为世俗之人所理解，甚至多获诟病。或踽踽独行，上下求索；或遭人讥嘲，悲苦终生；或不为所容，惨遭屠戮；更多的是在默默无闻中终其一生。老子这一章所言，是在说明他所竭力倡导的天下大道推行之难，也是自己由怀才不遇、曲高和寡而滋生的郁闷情绪的真实流露与强烈宣泄。

在老子看来，他所坚持的清静无为之道，有根据，有主旨，易知易行，然而，天下无人知，无人行，甚至连带着对道、德理念的创始者老子本人也不理解。尽管如此，作为圣人还是要“被褐怀玉”，顺应自然，守护“三宝”，坚守正道，坚持行道。

老子在自述天下大道曲高和寡，世俗之人“不我知”的寂寞感的同时，也隐然流露了对世俗之人“金玉其外，败絮其中”的虚伪顽劣的蔑视。拿这一章开篇“吾言甚易知，甚易行。天下莫能知，莫能行”与第四十三章“不言之教，无为之益，天下希及之”对读，不难见出，老子对其所立之言不为世人所知、所创之道不为世人所行有着清醒的认识；拿这一章与第二十章对读，更能够清楚地看出，老子对世俗庸人善于钻营，上下其手，夤缘求进，春风得意，追名逐利之举是异常反感的，故而才有“众人皆有余，而我独若遗”“俗人昭昭，我独昏昏”“俗人察察，我独闷闷”“我独异于人，而贵食母”的千古之叹。

老子高瞻远瞩，“思接千载，视通万里”，虽然怀抱着千年孤独西出函谷关而“莫知其所终”，但是他敏锐地看到红尘中人大多汲汲于蝇头小利，无暇学道，更遑论悟道、体道了。老子所见甚确！因此，可将这一章和第二十章当作老子的愤世诗来读，相信人们是能够找到“此中有真意，欲辨已忘言”的感觉的。

**【名家品评】**

鸟，吾知其能飞；鱼，吾知其能游；兽，吾知其能走。走者可以为罔，游者可以为纶，飞者可以为矰。至于龙，吾不能知，其乘风云而上天。吾今日见老子,其犹龙邪!

——(春秋)孔子

那为什么老子要写一部书呢?对此老子没有陈述理由……请允许我们这样来回答:因为这些记载下来的陈述通过自身获得了超越,通过不可言说的冥想以接近自己的主导思想。老子的这一部著作,是第一部伟大的见解传达之作,而真正的哲学思想总是依赖于此而得以流传的。

——(德)卡尔·雅斯贝尔斯

老子说:“言有宗,事有君。夫唯无知,是以不我知。”其对生命及宇宙的哲学观,四处散见于他的晶莹隽语中。……老子的隽语是出于现世见识的火花,和爱默生的“直觉谈”一样,对后人造成了很大的影响。若要了解他二人的隽语,势必先得深切透视其思想方可。

——林语堂

## 第七十一章

**【原文】**

知不知(1),尚矣(2);不知知(3),病也(4)。圣人不病,以其病病(5)。夫唯病病(6),是以不病(7)。

**【对译】**

知道自己有所不知道,是最高明的;不知道却自以为知道,是大毛病。圣人没有毛病,因为他把毛病当作病。正因为他把毛病当作病,所以他才没有毛病。

**【注释】**

(1)知不知:这句话最通常的解释是“知道却不自以为知道,或知道自己(有所)不知道”。意谓知道自己有所不知道 。

(2)尚矣:尚,意同“上”,高见、上策。意谓是最高明的。

(3)不知知:不知道却自以为都知道。意谓自以为是,自我感觉良好。

(4)病也:病,弊病、毛病。意谓是大毛病。

(5)以其病病:病病,第一个“病”为意动用法,以……为病。意谓以这种强不知以为知的毛病为病。

(6)夫唯病病:前一个“病”为动词,后一个“病”为名词。意谓正因为将这种毛病当作病。

(7)是以不病:所以才没有毛病。意谓能够保持清醒的头脑,以不知为知为毛病。

【新解】

这一章进一步说明自知之明是人类认知的正确方法。

老子在第三十三章强调“知人者智,自知者明。胜人者有力,自胜者强”,提出了著名的“人贵有自知之明”的命题而流传千古,这一章可以看作是对这一命题的进一步发挥。当然,这种发挥不是简单的重复,而是从自我修养、自我更新角度所作的阐释。

老子认为,天地万物是极其复杂的,即便有所了解,也很可能是一知半解,因为“吾生也有涯,吾学也无涯”,人们受当时当地条件的限制,永远不可能穷尽对客观事物的认识。同理,人们对真理的探求,总是由相对真理到绝对真理,不可能一下子穷根究底,把握绝对真理。正因如此,就不能自以为是,应始终处于“知不知”的状态,谨慎小心地探求,如此,才是高明之举。同时,因为圣人有自知之明,能够正视自身的毛病,并认真对待,及时纠正,也就没有毛病了。反之,如果盲目自信,自以为是,固执己见,强不知以为知,就会真的惹上毛病,并招致祸患。

老子的这一论断有极强的借鉴意义,也是古今中外伟大的思想家都十分重视的。作为老子学生的孔子曾说:“知之为知之,不知为不知,是知也。”(《论语·为政》)庄子曾讲:“弗知乃知乎!知乃不知乎!孰知不知之知?”(《庄子·知北游》)苏格拉底也强调,人要“知道自己不知道”。

在老子看来,一个人要实现其人生价值,关键在于坚持不懈地注重人格修养,而人格修养的核心,在于反躬自省,始终保持清醒的头脑,以不知为知为毛病。只有敢于正视自己的不足,并努力加以改进,才能使人格日臻完善。可见,以健全的心智、清醒的头脑,不断地检视自己,诚实地反省自己,谦虚谨慎,戒骄戒躁,以自知之明为荣,视强不知以为知为耻,应当成为每个人的人格修养准则。

**【名家品评】**

我1943年至1945年在普林斯顿,常同爱因斯坦见面,也到过他家中的书房几次,他书架陈书不多,但有一本德译的老子《道德经》。

——陈省身

前进的唯一道路是转过身来重新面向东方,带着对它的兴趣以及对其深远意义的理解离开西方的污秽,朝着神圣的东方前进。

——(英)沙里斯

# 第七十二章

**【原文】**

民不畏威,则大威至[(1)]。无狎其所居[(2)],无厌其所生[(3)]。夫唯不厌,是以不厌[(4)]。是以圣人自知不自见[(5)];自爱不自贵[(6)]。故去彼取此[(7)]。

【对译】

百姓不害怕威权,大的祸乱就来到了。不要扰乱百姓的日常生活,不要阻塞百姓的谋生之路。只有不压制百姓,才不被百姓厌恶。因此圣人了解自己但不宣扬自己;爱惜自己而不自以为高贵。所以舍弃自见自贵,选取自知自爱。

【注释】

(1)民不畏威,则大威至:"畏威"的"威"意为威压,"大威"的"威"指可怕的事,意为祸乱。意谓百姓不畏惧威压,那么大的祸乱就到了。

(2)无狎其所居:狎,同"狭",挤迫,引申为逼迫、压榨,使之进退无门、走投无路。居,日常生活。意谓不要扰乱百姓的日常生活。

(3)无厌其所生:厌,压、阻塞。生,生路。意谓不要阻塞百姓的谋生之路。

(4)夫唯不厌,是以不厌:只有不阻塞百姓的谋生之路,百姓才不会厌恶统治者。前一"厌"意为阻塞,后一"厌"意为厌恶。

(5)是以圣人自知不自见:见,同"现",表现。意谓圣人但求自知自省,而不追求自我表现。

(6)自爱不自贵:自爱其身,但不自视高贵。

(7)故去彼取此:彼,指自见、自贵。此,指自知、自爱。意谓舍去自见自贵,选取自知自爱。

【新解】

老子在这一章基于社会政治领域"无为而无不为"的基本原则,从治国理世角度深入阐述统治者怎样处理好与黎民百姓的关系,其识见是十分深刻的。

在老子看来,统治者如果多施严刑酷法,对黎民百姓一味逼迫压榨,阻塞了他们的生路,使之进退无门、走投无路时,黎民百姓便会由厌恶统治者，进而挑战统治者的威权，到这个时候，始料不及的大的祸乱就来到了。轻则局部骚乱，重则一人揭竿，万人响应，烽火遍地，天下大乱。如何才能避免这种局面出现呢？老子谆谆告诫："夫唯不厌，是以不厌。"只有不压榨百姓，不阻塞百姓的生路，才不会被百姓所厌恶。"是以圣人自知不自见；自爱不自贵"，因此，得道的圣人但求自知自省，而不追求自我表现；但求自尊自爱，而不追求显赫尊贵。得道的圣人如此，统治者也应起而效仿，舍弃自见自贵，选取自知自爱。

老子认为，在统治者与黎民百姓的矛盾关系中，统治者居于矛盾的主导方面。只有注重考虑黎民百姓的诉求，尊重黎民百姓的愿望，关心黎民百姓的生计，争取黎民百姓的归附，才能赢得黎民百姓的拥戴。总之，在处理统治者与黎民百姓关系问题上，老子崇尚自然和谐，反对高压强制，主张禁网疏阔，给黎民百姓营造必要的生存条件。老子的观点，表达了春秋末年身处社会底层的黎民百姓的心声，其借鉴价值是巨大的。

**【名家品评】**

老子之道，以自然为来源；以无为体，以有为用；以反始守柔为处世之方。

——王力

因为中国的传统哲学跟西方不一样，老子的政治思想又是产生在春秋的乱世时代，思考当时的乱世问题，所以老子提出的很多思想，跟治理社会有关系，我把这种哲学称为政治哲学。

——周桂钿

# 第七十三章

**【原文】**

勇于敢则杀[(1)]，勇于不敢则活[(2)]。此两者，或利或害[(3)]。天之所恶[(4)]，孰知其故？天之道[(5)]，不争而善胜，不言而善应[(6)]，不召而自来，繟然而善谋[(7)]。天网恢恢[(8)]，疏而不失[(9)]。

**【对译】**

勇于争先逞强就会招来杀身之祸，勇于退缩守柔就能够存活。这两种勇，有的获利有的受害。天道所厌恶的，有谁知道其中的缘故呢？大自然的运行法则是，不争斗而善于获胜，不说话而善于响应，不召唤而自动到来，舒展缓慢而善于谋划。天道的罗网广大无边，虽然稀疏却没有任何漏失。

**【注释】**

(1)勇于敢则杀：敢，冒犯、逞强。指犯上作乱、为天下先等有为之举。杀，被杀、死亡。意谓勇于逞强，不顾一切就会招来杀身之祸。

(2)勇于不敢则活：不敢，不冒险、避开风险。活，得到存活、保全自己。意谓勇于退缩守柔，就能存活。

(3)或利或害：或，有的、有些。意谓有的(指勇于不敢)获利，有的(指勇于敢)受害。

(4)天之所恶：天，天道，喻指大道。意谓天道所厌恶的。

(5)天之道：指自然的规律。

(6)不言而善应：应，回答、呼应。意谓不说话却善于响应。

(7)繟然而善谋：繟然，坦然、舒缓的样子。意谓貌似行动迟缓，不善谋划,而实际上却善于谋划。

(8)天网恢恢:天网,自然的联系。恢恢,极为广大。意谓天道的罗网广大无边。

(9)疏而不失:疏,稀疏。失,漏失。意谓虽然稀疏,但却包容一切,无所遗漏。

**【新解】**

老子在这一章着重阐发了两层意思:一是柔弱胜刚强,二是天道自然。这两层意思层层递进,前后贯通。

老子在第七十六章说:“坚强者死之徒,柔弱者生之徒。”以此句观照这一章,“敢”即“坚强”,“不敢”即“柔弱”,勇于坚强则死,勇于柔弱则生。同样是勇,由于出发点、立足点及实施方式不同,结果也截然相反。

老子认为,勇于柔弱则利,勇于坚强则害。在此基础上,老子依“人法地,地法天,天法道,道法自然”(《道德经》第二十五章)的大前提,进一步强调自然之道贵柔弱,不贵强梁;贵卑下,不贵高上;贵不足,不贵有余。自然之道在大化流行进程中,自然生发着法则和规律,其生发进程有内在的因果关系和程式安排,因此是“不争而善胜,不言而善应,不召而自来,绅然而善谋”的。

柔弱胜刚强也好,天道自然也罢,都是不以人们的主观意志为转移的自然规律,顺之者吉,逆之者凶。令人直觉冥冥之中似乎有一张广大无边的“天网”,虽然稀疏,却不会遗漏任何事物,一切都控制在天道的掌握之中。通过这些分析,老子要求人们顺应自然造化的布局安排,借助外力,应物变化,无可而无不可,无为而无不为。反对只逞一时意气,全凭血气冲动的匹夫之勇,提倡大勇若怯,凭借勇武的精神、气概等内在素质制敌手于无形的“不敢”之勇。

【名家品评】

李耳的思想意境之高超,洞意世情之深邃,远远超过孔丘。老子是中国第一个真正的哲学家,《道德经》是一部不朽的哲学全书。他研究了自然的本质、宇宙的构造、生命的奥妙、人类的秉性、社会的生成。……他高瞻远瞩,深入解剖人生,积极介入人生。……冷静地睿智地把握了宇宙人生的本质与规律,那就是“道”。

——萧焜焘

十多年来,每当遇到困难,我就读一读《道德经》。它给我宁静,使我放松,它开启了我的灵感。越是如此,我就越喜欢《道德经》。可以说,读《道德经》已经成为我生活的一部分。我无法全部了解社会上对《道德经》的评价,但生活经历和社会经验却使我深深感到,老子《道德经》的确是一个文化宝藏,也是智慧的源泉。我们中国人应该为有老子《道德经》感到庆幸和自豪。

——詹石窗

# 第七十四章

【原文】

民不畏死,奈何以死惧之(1)?若使民常畏死(2),而为奇者(3),吾将得而杀之(4),孰敢?常有司杀者杀(5)。夫代司杀者杀,是谓代大匠斫(6)。夫代大匠斫者,希有不伤其手矣(7)。

【对译】

百姓不怕死,为什么还要用死使百姓惧怕呢?假如使百姓真的畏惧死亡,对于为邪作恶的人,我就把他们抓来杀掉,谁还敢再干坏事?自有那行刑的执行杀人任务。如果代替行刑的去杀人,就像代替大木匠去砍树一样。那代替大木匠去砍树的人,很少有不砍伤自己手的啊。

【注释】

(1)奈何以死惧之:奈何,怎么能。惧,恐惧、害怕,这里是使动用法,使……恐惧、害怕。意谓为什么用死使百姓惧怕呢?

(2)若使民常畏死:常,经常、常常,这里解作果真、真的。意谓如果使百姓真的畏惧死亡。

(3)而为奇者:奇,奇诡,偏邪,不正,在此指不守法。为奇,指为邪作恶的行为。意谓对于为邪作恶的人。

(4)吾将得而杀之:得,捕获、拘押。意谓我就把他们抓来杀掉。

(5)常有司杀者杀:司,主管、专管。司杀者,专管杀人的,引申为天道。意谓作恶多端,逆背天道,最终会自取灭亡,而不需要借助于人间统治机器去诛杀他。

(6)是谓代大匠斫:大匠,工匠、木匠。斫,砍、削,用斧子砍伐树木。意谓这就是所说的代替大木匠去砍树。

(7)希有不伤其手矣:极少有不砍伤自己手的。喻指严刑峻法于治国无补,结果往往适得其反。

【新解】

老子在这一章着重阐释慎用刑罚,反对暴政的主张,表达关怀生命,爱护百姓的意愿。

这一章前半部分指出,百姓不害怕死亡的根本原因,是统治者用死亡恐吓百姓,对天下百姓施以严刑酷法,陷民于水火之中,导致民心怨毒,悍不畏死,终至以死相搏。在这种情况下,统治者不但不改弦更张,反而变本加厉,更为酷虐。百姓已经不再害怕死亡了,统治者仍然用死亡来恐吓、威胁他们,那么,百姓对暴政的反抗必然日趋激烈,到了官逼民反,民不得不反的程度,巨大的威杀就必然落到企图以死惧民的统治者头上。

接下来，老子假设“民常畏死”的情况，指出如果统治者能够以清静无为之道治理天下，使民心淳朴，民生安乐，百姓充满了生存的希望与乐趣，自然有死之畏惧与痛苦。形成了百姓乐生恶死的局面，若有奸邪不正、巧言令色的小人施邪恶之计，行邪恶之举，统治者替天行道，“得而杀之”，自然使乐生者畏死，方能发挥刑罚的威慑力量，谁还敢为邪作恶，巧言令色？

这一章后半部分指出，百姓的生死，应顺其自然，享其天年。何时赴死，由自然天道施行杀伐，而不需要统治者“代司杀者杀”，尤其不能滥施暴虐残杀，用死亡来恐吓百姓。抱着以死惧民的心态“代司杀者杀”，恰恰违背了自然天道，犹如不懂木工技术的人班门弄斧，“代大匠斫”，很少有“不伤其手”的。

在老子看来，最高的统治境界是刑措而不用，是因顺自然，清静无为。老子的观点切中要害，对那些迷信暴力、专执刑罚以治国的统治者不啻是当头棒喝，而且对后世治国理世者的借鉴作用也是巨大的。

**【名家品评】**

老子是两千多年前就预见并批判今天人类文明缺陷的先知。老子似乎用惊人的洞察力看透个体的人和整体人类的最终命运。

——（日）汤川秀树

如果我们能早听老子的话，也不致于使科技的发展对人类自然环境造成如此严重的后果了。

——（日）福冈正信

中国人死都不怕，还怕困难吗？老子说过：“民不畏死，奈何以死惧之？”

——毛泽东

# 第七十五章

## 【原文】

民之饥,以其上食税之多[1],是以饥。民之难治,以其上之有为[2],是以难治。民之轻死[3],以其上求生之厚[4],是以轻死。夫唯无以生为者[5],是贤于贵生[6]。

## 【对译】

百姓陷于饥饿,是因为统治者征收赋税太多,因此陷于饥饿。百姓难以治理,是由于统治者强行作为,因此难以治理。百姓轻易赴死,是由于统治者生活丰厚奢侈过于扰民,因此轻易赴死。那些不刻意求生的人,要比一味重视保养生命的人更高明。

## 【注释】

(1)以其上食税之多:食税,享受税赋、征收税赋。意谓因为他们的君王征收税赋太多。

(2)以其上之有为:有为,政令烦苛,强作妄为,使百姓不得安宁,与无为相对举。意谓因为他们的君王造作妄为。

(3)民之轻死:轻,轻视、不在意。意谓百姓轻视生命,把死亡看成无所谓的事情。

(4)以其上求生之厚:求生,贪求生存。厚,过分、过度,因为统治者奉养奢厚。意谓统治者毫无止境地贪求享受,想方设法保养生命。

(5)夫唯无以生为者:夫唯,发语词,无实义。以生为,把生命看得过重,犹言贵生。意谓不把生命看得过重的人。

(6)贤于贵生:贤于,胜于。贵生,厚养生命。意谓比奉养奢华,一味重视保养生命的人高明。

【新解】

这一章老子直截了当地指出统治者过度过滥的贪求和欲望是导致统治失灵的根本原因,解决的办法是与民休养生息,而不是采取高压政策。老子对于虐政提出了严厉的警告。

老子深刻揭示了黎民百姓与统治者尖锐矛盾的实质,亦即百姓的饥荒,是统治者沉重的赋税造成的;百姓的反抗,是统治者苛酷的造作妄为造成的;百姓的轻生,是统治者贪得无厌的聚敛造成的。统治者在经济上多税,在政治上有为,在生活上厚生,必然导致黎民百姓饥饿、难活、轻死三个方面的恶性循环。通过对统治者食税多与民之饥、统治者有为与民难治、统治者求生厚与民轻死的直接因果关系的深刻揭示,老子一针见血、十分到位地指出造成尖锐社会矛盾的根本原因,就是统治者施行残酷盘剥和刑杀镇压的暴政。

在老子看来,淡泊名利、清静无为、不过分保养生命的人,比鼠目寸光,只求眼前、暂时的利益而横征暴敛,大肆搜刮民脂民膏,穷奢极欲,胡作非为,只求一己厚生而弃民生于不顾的人要高明得多。可惜,纵观古今中外的兴亡史,能够始终清醒地认识到“食税之多”“上之有为”“求生之厚”危害的统治者实在太少了,所以“一夫作难而七庙坠”的历史悲剧轮番上演也就不足为奇了。

诚如陈鼓应所评,“剥削与高压是政治祸乱的根本原因。在上者横征暴敛,夺万民以自养,再加上政令繁苛,使百姓动辄得咎;这样的统治者已经变成大吸血虫与大虎狼。到了这种地步,人民自然会从饥饿与死亡的边缘中挺身而出,轻于犯死了”(陈鼓应的《老子今注今译》,商务印书馆 2003 年版,第 331 页),此论甚当。

【名家品评】

自然与人为,或天与人,也是人生中一个根本的对立。人类的生活,应该因任自然,无所作为呢?还是应该改变自然,注重创造?老子、庄子主张自然无为,认为一切人为都是自扰,有害而无益;不如返朴任天,反可以不致发生罪恶与病痛。

——张岱年

现代人类掉进了自己不断取得的更加光辉灿烂的成就所设下的陷阱。这些成就掩盖着流沙,人越是向前迈进,就陷得越深。而现在关键的问题是要知道现代人是否能够认识到自己已进入了恶性循环,是否能够在没顶之前做出最大努力而获得自拔。为了在自己创造的新条件下生存,现代人必须在文化方面来一个质的飞跃。

——(意)奥尔利欧·佩奇

## 第七十六章

【原文】

人之生也柔弱(1),其死也坚强(2)。草木之生也柔脆(3),其死也枯槁(4)。故坚强者死之徒(5),柔弱者生之徒。是以兵强则灭(6),木强则折。强大处下(7),柔弱处上(8)。

【对译】

人刚生下来的时候身体是柔软的,死了以后就变僵硬了。青草树木活着的时候是柔脆的,死了以后就变干枯了。所以坚强的东西属于死亡的一类,柔弱的东西属于生存的一类。因此过度用兵逞强反而会走向灭亡,树木茂盛了反而会被摧折。强大的反而处于劣势,柔弱的反而处于优势。

【注释】

(1)人之生也柔弱:柔弱,指人体的柔软。初生婴儿柔软脆弱,却充满生机。老子从柔弱中看到弱小生命的强大活力。

(2)其死也坚强:坚强,指人体的僵硬程度。意谓一旦失去生命活力就会僵硬。

(3)草木之生也柔脆:柔脆,柔软。意谓植物的生机也表现为柔弱。

(4)其死也枯槁:枯槁,形容草木的干枯、枯萎。意谓草木失去生机便会干枯。

(5)故坚强者死之徒:徒,类、属。意谓世间看似坚强的东西皆属于死亡的一类。

(6)是以兵强则灭:兵,兵器,引申为军事力量。强,强硬、强盛。兵强,指过度用武。意谓过度用兵逞强反而会走向灭亡。

(7)强大处下:处下,下降。引申为处于劣势,盛极而衰。意谓强盛的事物往往盛极而衰。

(8)柔弱处上:处上,上升,引申为处于优势,由弱变强。意谓柔弱的事物往往能够由弱变强。

【新解】

老子在这一章通过生动的事例,论述贵柔戒刚,以柔弱胜刚强的思想,这一思想是《道德经》中反复强调的。

这一章的独到之处,是首先运用比喻手法摆事实。老子以人们在日常生活和自然界中最常见的两种现象作比:“人之生也柔弱,其死也坚强。草木之生也柔脆,其死也枯槁。”生老病死、草木枯萎是人人都要经历、都能看到的寻常现象,老子从这类寻常现象中揭示出了不寻常的道理——“坚强者死之徒,柔弱者生之徒”,亦即坚强的东西属于死亡的一类,柔弱的东西属于生存的一类。既然如此,兵力强大了反而会走向灭亡,树木茂盛了反而会遭到砍伐，倒不如抱朴守静，知刚处柔。因为，强大和柔弱不是绝对的，而是经常相互转化的，常常出现“强大处下，柔弱处上”的态势。

统观这一章，前六句以人之生死、草木荣枯的形体特征区别为喻，从直观感知中得出“坚强者死之徒，柔弱者生之徒”这一蕴含天地万物内在规律的结论。蕴含人或草木处于柔软、脆弱状态时，因其不僵化而内存着绵绵流动的生命机能和后发潜力；处于坚强、枯槁状态时，则因其完全僵化而耗尽生命机能，丧失后发潜力。后四句鲜明地指出自恃强大的弊端和谦下贵柔的益处。在强大、柔弱相互作用所导致的不同结果的比较中，老子引导人们进一步深化了对柔弱者处于上升趋势、强大者反而处于下降地位的认识。

**【名家品评】**

以本为精，以物为粗，以有积为不足，澹然独与神明居。古之道术有在于是者，关尹、老聃，闻其风而悦之。……常宽容于物，不削于人。可谓至极，关尹、老聃乎，古之博大真人哉！

——（战国）庄子

老聃贵柔，孔子贵仁，墨翟贵廉，关尹贵清，子列子贵虚，陈骈贵齐，阳生贵己，孙膑贵势，王廖贵先，倪良贵后。

——（战国）吕不韦

## 第七十七章

**【原文】**

天之道，其犹张弓与[(1)]？高者抑之，下者举之[(2)]；有余者损之，不足者补之[(3)]。天之道，损有余而补不足[(4)]。人之道[(5)]，则不然，损不足以奉有余[(6)]。孰能有余以奉天下[(7)]？唯有道者。

【对译】

自然的法则,不就像拉开弓弦射箭吗?举高了就压低它,举低了就抬高它;弓弦拉得太满就放松些,弓弦拉得不够就补足些。自然的法则,是削减富裕的来补充不足的。人世的法则,却不是这样,是削减不足的来供养富裕的。谁能把有余的拿来奉献给天下人?只有得道的人能够如此。

【注释】

(1)天之道,其犹张弓欤:天之道,自然之道。其,难道、岂不是。张弓,拉开弓弦。意谓天之道,难道不很像拉开弓弦射箭吗?

(2)高者抑之,下者举之:抑,向下、压低。举,向上、抬高。此指张弓射箭的瞄准动作,抑、举的目的在于取中。意谓位置偏高就把它稍稍压低一些,位置偏低就把它稍稍抬高一些。

(3)有余者损之,不足者补之:有余,多余、过满。损,减少、放松。意谓弓弦拉得过满时,就将它稍稍放松些;弓弦拉得不够满时,就增加拉力把它拉满,即取中。

(4)损有余而补不足:减去有余的来弥补不足的,使之保持平衡。这里是用张弓之道来比喻天道的盈虚消长。

(5)人之道:指人类社会的行为和法则。

(6)损不足以奉有余:减去不足的来供奉多余的,导致贫者愈贫,富者愈富。

(7)孰能有余以奉天下:谁能够把有余的拿出来奉献给天下不足的?

【新解】

老子在这一章论述了天道与人道的本质区别,明确指出奉行天道的人要善于损有余而奉不足。

以张弓射箭来比喻“天之道”(自然法则)和“人之道”(社会法

则），实在是贴切，令人耳目一新。老子运用这一表达手法，把深邃的、抽象的大道理简单化、通俗化，是直觉思维方法在论述天道、人道时的具体运用。老子由“天之道”来推论“人之道”，主张“人之道”应当效法“天之道”“损有余而补不足”“有余以奉天下”的德行，表达了朴素的平衡论思想。

在老子看来，天道是公平的，高、下，有余、不足，随时调节，正如第三十二章所说：“天地相合，以降甘露，民莫之令而自均。”既然“人法地，地法天，天法道，道法自然”（《道德经》第二十五章），那么，人类社会的法则也应该如此。然而，恰恰相反，现实社会的情况却是弱肉强食，劫贫济富，压榨贫苦的百姓以奉养富贵的统治者。所以，老子向往“有余以奉天下”的“有道者”和他们治下的社会。

这一章表面看似论述天道、人道，其实内含治道，即治国理世之道。在老子看来，天人是相通的，天人也是合一的。要实现天人相通、天人合一，必须经由一个中间环节，即治道。只有靠实施“无为而无不为”的治理模式，才能在师法自然，遵循大化流行、人类社会生化发展客观规律基础上，引导“天之道”与“人之道”的有机契合，实现天道、治道、人道的有机统一和人与自然、人与社会、人与人、人与自身的和谐，从而建立天道、治道、人道相互均衡、相互作用、自然发展、法尔如是的和谐世界。

老子特别重视治道的作用，结尾一句“孰能有余以奉天下？唯有道者”，既是对能够奉行无为治道的圣人的推崇，也是对推行治道重要性的再强调。社会发展不平衡，贫富两极分化古已有之，老子针对此所提出的张扬“天之道”而贬抑“人之道”的见解是非常深刻的，也是立足于宏观视野观察分析这一社会现象所得出的必然结论。

**【名家品评】**

形而上学的道不仅是中国哲学的最高范畴，也是中国文化的最高精神。

…………

中华民族几千年来的生活,从来没和这个宇宙本原和价值源头割断过联系,他们看问题、想问题,从来没离开过大道的神圣观念。它不仅是中华民族的精神支柱,也是中华民族寄托精神和安顿生命的地方。

——司马云杰

进入20世纪后,老子在欧洲被视为一位伟大的先觉人物。《道德经》变为当代一代人沟通东西的桥梁。

——(德)利温奇

# 第七十八章

**【原文】**

天下莫柔弱于水,而攻坚强者莫之能胜(1),以其无以易之(2)。弱之胜强,柔之胜刚,天下莫不知,莫能行。是以圣人云:“受国之垢(3),是谓社稷主(4);受国不祥(5),是为天下王。”正言若反(6)。

**【对译】**

天下没有什么东西比水更柔弱的,但是攻克坚强东西的能力没有谁能超过它,因为它是无法被替代的。弱小能够战胜强大,柔软能够克服刚硬,天下没有人不知道,却没有人能够去实行。因此圣人说:“承担国家的屈辱,才可称为国家的君主;承担国家的灾祸,才可称为天下的君王。”正话同反说一样。

**【注释】**

(1)而攻坚强者莫之能胜:之,指称水。胜,胜过、超过。意谓在攻坚克强方面,没有什么东西能超过水的。

(2)以其无以易之:易,代替。意谓水性至柔,但却能贯穿金石而无损,所以在攻坚克强方面没有什么可以代替它。

(3)受国之垢:受,承受。垢,耻辱。意谓心胸宽阔,能承受各种耻辱之事。

(4)是谓社稷主:社稷,古代帝王所隆重祭祀的土地神和谷神,后成为政权的象征、国家的代称。意谓可以称为一国的君主。

(5)受国不祥:不祥,灾祸。意谓意志坚强,能承受各种不幸之事。

(6)正言若反:正面的说得好像反面,肯定的说得好像否定。意谓真理看上去好像违反常理。

**【新解】**

在这一章老子运用从一般到个别,再从个别到一般的思维方法,把柔弱胜刚强的普遍规律应用到治国理政的具体问题上来,得出令人信服的结论。

老子以水为喻,说明柔能胜刚,弱能胜强,以谦卑为主宰的道理。在自然界和人类社会中,弱能胜强,柔能胜刚,以谦卑为主宰反为天下先的事例比比皆是。生活在春秋末年的老子,亲身经历了那个时代的许多重大变化,看到了曾为天下共主的周王朝由盛到衰的演变,这不能不对他的思想产生重大的影响。同时,随着铁器的广泛使用,人类在征服自然界的斗争中,对自然现象的认识也在不断发展,"水善利万物而不争"(《道德经》第八章),"天下莫柔弱于水,而攻坚强者莫之能胜",这些都反映了人类认识的某种深化。这一章所述,可以视作这种深化的结晶。

前半部分老子称誉看似柔弱的水性具有无与伦比的"攻坚强"的威力,巧喻自然大道具有以柔克刚的永恒本性,从而概括出"弱之胜强,柔之胜刚"的带有普遍性的结论。后半部分阐述理想人君——"圣人"行柔弱之道,必具谦下之德。老子认为,统治者要想成为社稷的主宰、天下的君王,必须具备水一样的德性,甘居卑污,勇于面对和蒙受国之屈辱与祸患,以谦下不争之和德,坚忍地拯国难、平天灾、救万民,从而赢得天下百姓的拥戴。在老子看来,有作为的、理想的统治者必须具备勇于为社稷、百姓忘我献身的牺牲精神与勇于担当国之大任的使命感和责任感。

最后,以"正言若反"作结。"正言若反",指的是"受国之诟,是谓社稷主;受国不祥,是为天下王"四句话,引的是古圣人之言。既表明老子思想是继承前人思想成果发展而来的,又是对《道德经》全书中闪耀着相反相成思辨光辉的语言的精辟概括。老子其实是在明明白白地告诉世人,"正言若反"是他的一种最主要的语言表达方式,他运用这种语言表达方式阐释了一系列充满朴素辩证法色彩的深刻思想。因此,"正言若反"是打开《道德经》奥秘的钥匙,对此,是应该充分注意的。

**【名家品评】**

老子是主张用阴、用柔。但是,不要忘记,他和我们固有的文化,远古的源流——阴阳五行与《易经》诸子等系统,是同一个来源的。阴与阳,是一体的两面,只是在用上有正面与反面的不同而已,无论用阴用阳,都要活用。换言之,要用活的,不用死的。所谓用阴柔,即不用刚强,不是勉强而为。

——南怀瑾

《老子》五千言,确是一部辞意锤炼的"哲学诗",其中充满了人生体验富有启发性的观念。

——陈鼓应

## 第七十九章

**【原文】**

和大怨,必有余怨(1);安可以为善?是以圣人执左契(2),而不责于人(3)。有德司契(4),无德司彻(5)。天道无亲(6),常与善人(7)。

【对译】

重大的仇怨经过调解,一定还有余留的怨恨;这怎能算是最佳的选择呢?因此圣人虽然保存着借据的存根,却不向债务人讨债。有德行的人像掌管借据那样宽裕,无德行的人像掌管税收那样计较。天道没有私情,总是与善人同行。

【注释】

(1)和大怨,必有余怨:和,调和、排解。怨,埋怨、怨恨。余,遗留、遗存。意谓调和大的怨仇,不可能做到彻底,一定会留下余怨。所以在老子看来,最根本的办法是不结怨,不结怨则怨自无。

(2)是以圣人执左契:契,券契、契约、合同。古代契分左右两半,契约双方各执其一,用时将两半合对以作征信。意谓圣人虽然保存着左契(借据)。

(3)而不责于人:责,苛求、索取。意谓却不向对方索取。

(4)有德司契:司契,契约为双方(或多方)所共立,体现了双方(或多方)的意愿。在此指履行契约,遵守协议。有德之人虽执左契却不向人讨债,意谓只给予而不索取,所以怨无所生。

(5)无德司彻:司彻,彻,周代赋税制度,税赋为单方面所规定。司彻,指以自己的规定要求他人。无德之人则像掌管税收的人那样苛取擅利。意谓只取不予,故大怨必至。

(6)天道无亲:无亲,不偏爱、没有私情。意谓天道周全,没有偏爱。

(7)常与善人:与,亲近、在一起。意谓天道总是与善良的人同行。

【新解】

这一章老子阐明圣人施与而不求回报的德行,告诫负有治国理世重任的统治者不要积“大怨”于民,而要以德和民。贯穿的仍然是清静自化，顺应自然，“无为而治”的思想。

老子认为，“和大怨”“报怨以德”，都不能从根本上解决问题，关键在于统治者要爱民助民，而不扰民，不害民，不横征暴敛，不残酷压榨，从来不与百姓结怨。因为一旦发现决策失误，与民结怨，造成危及统治基础的严重后果，再想采取和解措施加以补救，则为时已晚，无论如何，都“必有余怨”。到那时，万民离心，上下对立，绝不会有圆满的结局。怎样做才是最好的选择呢？老子认为应该以德化民，以德和民，只讲奉献给予而从不强求索取，乐观其成而不妄加干涉。

老子以圣人之治“执左契，而不责于人”的形象比喻说明以德化民、以德和民、以德亲民的道理。通过对比大怨之“无德”与“圣人”之“有德”，点明两种统治方式的区别在于“有德司契”，亦即有德的统治者虽执左契却不向人讨债，只给予而不索取，因而怨无所生；“无德司彻”，亦即无德的统治者则像掌管税收的人那样苛取擅利，只取不予，因而大怨必至。所以，有德者兴，无德者亡。“天道无亲，常与善人。”统治者只有“以百姓心为心”（《道德经》第四十九章），以民为本，施行德政，才上合天道，下应民意，才是治国理世的最佳选择。

**【名家品评】**

道者，万物之所然也，万理之所稽也。理者，成物之文也。道者，万物之所以成也。故曰：道，理之者也。

——（战国）韩非子

道家使人精神专一，动合无形，赡足万物。其为术也，因阴阳之大顺，采儒墨之善，撮名法之要。与时推移，应物变化。立俗施事，无所不宜。指约而易操，事少而功多。

——司马谈

# 第八十章

## 【原文】

小国寡民[1]。使有什伯人之器而不用[2];使民重死而不远徙[3]。虽有舟舆,无所乘之;虽有甲兵,无所陈之[4]。使民复结绳而用之[5]。甘其食[6],美其服[7],安其居[8],乐其俗[9]。邻国相望,鸡犬之声相闻,民至老死,不相往来[10]。

## 【对译】

使国家小,使民众少。即使有各种便利器具也不使用;使百姓爱惜生命而不背井离乡。虽然有船有车,却没有必要去乘坐;虽然有盔甲兵器,却没有机会去列阵。使百姓返回到使用结绳记事的社会。饮食香甜,服饰美好,居处安适,习俗欢乐。国家接壤相互望得见,鸡鸣狗叫的声音相互听得到,百姓活到老死,却不互相往来。

## 【注释】

(1)小国寡民:小、寡,形容词使动用法,使……小,使……寡。意谓使国家小,使民众少。这是老子在古代农村社会基础上所理想化的民间生活情景。

(2)使有什伯人之器而不用:使,即便、即使。什伯人之器,指相当于十倍、百倍人工之器,即功效十倍百倍的先进器具。意谓即使有各种便利的器具也不使用。

(3)使民重死而不远徙:重死,看重生命。远,偏远。徙,迁移、移居。隐指转变、改变。意谓使百姓爱惜生命而不远走他乡。

(4)虽有甲兵,无所陈之:甲兵,铠甲和戈、矛、剑、戟等长短兵器,这里泛指各种武器装备。陈,名词作动词用,列阵、作战。意谓虽然拥有各种兵器,却不用于战场作战。

(5)使民复结绳而用之:结绳,远古时期的人们在文字产生之前所用的一种记事方法。即用绳子打结作为标记,以储存和传递信息。这一句所隐含的意思是:虽有文字,但不使用。

(6)甘其食:甘,意动用法,意谓以其食为甘。

(7)美其服:美,意动用法,意谓以其服为美。

(8)安其居:安,意动用法,意谓以其居为安。

(9)乐其俗:乐,意动用法,意谓以其俗为乐。甘、美、安、乐是指过一种无欲无羡,天然自足,没有烦恼,自得其乐的田园牧歌式的生活,并非指吃丰盛的饭菜,穿漂亮的衣服,住华美的房屋,行繁缛的礼仪。

(10)民至老死,不相往来:百姓到老死也不互相交往。老子认为交往过多则识见广,民智开,易招致有羡、有欲、有争。如此,便会导致上下失序、社会动乱,淳厚的民风荡然无存。这是老子提倡“民至老死,不相往来”的真正用意。

**【新解】**

老子在这一章向人们描绘了一幅甘食美服、安民乐俗、小国寡民式的上古淳朴理想的社会治理图景。

在这种上古淳朴之风熏陶下,国家小,百姓少,不对外扩张,不受他人兼并,自给自足,不相往来;衣食住行各个方面,不受外来干扰,固守传统不变,自安其俗,自得其乐;器具、车船、甲兵之类统统弃而不用,珍视生命,顺应自然,不听信盲从,不见异思迁,固守家园,终老一生,一切都回复到单纯质朴的状态。

老子小国寡民式的社会理想,客观上反映了中国古代处于社会底层的黎民百姓的一些空想。他们在现实生活中,遭受着种种压迫、剥削和诸侯国间连年无已的兼并战争所带来的深重苦难,幻想着回复到没有压迫剥削、没有战争的原始公社时代。在这里，人人都过着“甘其食，美其服，安其居，乐其俗”的悠闲日子，是一种“邻国相望，鸡犬之声相闻，民至老死，不相往来”的安静生活。

老子小国寡民理想社会提出的思想基础，是其思想体系的核心——道。道混沌恍惚、素朴真淳、无形无象的特征，构成了宇宙的元始，这是自然天道。将自然天道延伸到社会历史领域，就构成人类社会发展的元始——原始氏族公社社会组织。老子思想所具有的鲜明的崇母贵雌特征，显然同原始母系氏族社会文化具有深远的渊源。因此，老子小国寡民式的社会理想，实为原始母系氏族社会状态下古朴真淳民风的反映。

老子小国寡民社会理想提出的社会基础，在于对春秋时代王霸兼并，“好知无道，天下大乱”（《庄子·胠箧》）的社会现实的观照和思考。看到随着历史进步和社会文明所带来的政治、经济、军事、民风与人性的倾夺、聚敛、屠杀、堕落和扭曲，老子更加怀念和向往远古原始母系氏族社会的古朴真淳，遂幻想以复古式的返璞归真，改造浊世的虚华造作。所以，在其看似历史倒退式的社会理想中，透射出对现实社会堕落、丑恶的怀疑与批判的锋芒，对大道之行、天下为公理想社会的祈盼。

总之，这一章全面系统地反映了老子对小国寡民社会理想的真诚向往及热切追求，他极力倡导的寡欲的生活方式和提倡的精神上的自我满足，带有鲜明的民本主义色彩。在物欲横流、社会动荡的情况下，老子借小国寡民理想社会的描述，针砭批评现实社会的种种污浊和不合理，给人们提供了一个反思检讨的契机，显示出深刻的批判现实、否定现实，引导人们由有羡、有欲、有争转为无羡、无欲、无争的力量。这一章所反映的不是老子不欢迎社会进步的保守倒退思想，而是有道君主以无为手段治理天下所达到的理想程度。那种认为本章所表达的是老子复古倒退思想的观点，是未悟透老子思想真谛和老子的真正用意所致。

【名家品评】

自然农法就是在老子"道法自然"这一伟大命题的启发下提出来的……如果我们早听老子的话,也不致使科技的发展对人类自然环境造成如此严重的后果。

——(日)福冈正信

《老子》的意义永无穷尽,通常也是不可思议的。它是一本有价值的关于人类行为的教科书。这本书道出了一切。

——(美)约翰·高

# 第八十一章

【原文】

信言不美(1),美言不信(2)。善者不辩(3),辩者不善(4)。知者不博(5),博者不知(6)。圣人不积(7),既以为人己愈有(8),既以与人己愈多(9)。天之道,利而不害(10);圣人之道,为而不争(11)。

【对译】

真实的话不漂亮,漂亮的话不真实。善良的人不巧辩,巧辩的人不善良。有真知灼见的人不卖弄广博,卖弄广博的人认识浅薄。圣人不积累身外之物,尽量帮助别人自己反而更充实,尽量给予别人自己反而更富足。自然的法则,利益万物而不伤害万物;圣人的道理,施助万物而不与万物相争。

【注释】

(1)信言不美:信,确定、真实。信言,指有确定所指或确定内容的话。意谓实话实说,就不美丽动听。

(2)美言不信:美,完美、完善。美言,指完美无缺之言。意谓美丽动听的话,就不实在。

(3)善者不辩:辩,巧辩、卖弄口才。意谓善良的人不说长道短,空发议论。

(4)辩者不善:意谓说长道短,空发议论的人不善良。

(5)知者不博:知,知识、真知灼见。博,广博、知识渊博。意谓懂得大道的人,并不刻意卖弄以显示知识广博。

(6)博者不知:意谓卖弄广博的人实际上没有真正的真知灼见。

(7)圣人不积:积,积累、聚集。意谓圣人与道相通,物我浑然一体,不汲汲于积累身外之物。

(8)既以为人己愈有:既,尽、全部。为人,帮助、照顾别人。意谓把自己的德性奉献给别人以后,自己反而拥有更多的德性。

(9)既以与人己愈多:与人,给予别人。意谓把一切给予别人以后,自己反而更加富足。

(10)利而不害:意谓顺其自然,使万物获利而不加任何伤害。

(11)为而不争:意谓只为他人效力而从不与人相争。

**【新解】**

在《道德经》的最后一章,老子运用朴素辩证的观点观察万物,分析问题,再一次强调了他的思想重点,将天道、人道、治道联系在一起,对全书作了一个扼要总结,要求人们要学习“圣人之道”,并遵循“天之道”。

老子认为,“信言”“善者”“知者”是淳厚质朴的,不需要“美”“辩”“博”之类的文饰。同样,圣人清心寡欲,清静无为,不需要搜刮索取,聚积财物,只是以尽力帮助、给予他人而求得自我满足。所以,如同天道“利而不害”一样,人道的准则应该是“为而不争”。

首先,老子对比信美、善辩、知博,表明重真实、疾虚美,重善诚、疾辩巧,重真知、疾博杂的态度。提出了以真为精要,以真为核心的真、善、知相统一的标准,这正是天道浑朴自然、法尔如是特性的集中体现。

其次,老子高度赞扬得道圣人遵天道以治人世,“不积”“为人”“与人”的高贵品质。“圣人不积”,即无私欲,不私蓄,尽力为人与人,从不为己与己,以慈柔至公的博爱精神导民和民,使万民归心顺化,天下大治,这是不小积不小为的大积、大为,是最大的富足。

再次,由“天之道”而及“圣人之道”,以天道之利济万物而无所伤害,推衍圣人人道之作为而不与人争。这里的“圣人之道”,是得道圣人尊道贵德,抱朴守静,谦下贵柔,为而不争之道,同老子在第七十七章所批评的“人之道”有本质区别,“人之道”是“损不足以奉有余”的违逆自然天道、民心民意之邪道。老子在这一章用“圣人之道”表述而不用“人之道”表述,想来也是用以区别的。这里的“为而不争”的“为”,实为天道“无为而无不为”的“无不为”,亦即顺化天道无为自然的大收获、大作为。

老子把“信”“善”“知”“不积”“为人”“与人”等美德上升到天道自然的高度来认识,指出天道与圣人之道吻合无间,浑然一体,落脚在天人相通上,升华了对天道自然、人道守中、治道无为的认识,对于后人今世,具有极强的启迪意义和借鉴价值。

**【名家品评】**

假如老子的确是《道德经》的作者,那么他的影响确实很大,这本书虽然不到六千字,却包含着许多精神食粮。在西方,《道德经》比孔子或任何儒家的作品流行。

——(美)迈克尔·哈特

当人类隔阂泯除,四海成为一家时,《道德经》将是一本家传户诵的书。

——(美)蒲克明

# 主要参考资料


1. 韩非:《韩非子》,四部备要本,中华书局据汲古阁本影印版。

2. 河上公:《道德真经》,四部备要本,中华书局据汲古阁本影印版。

3. 王弼:《老子注》,四部备要本,中华书局据汲古阁本影印版。

4.《马王堆汉墓帛书·老子》,文物出版社1976年版。

5. 任继愈:《老子新译》,上海古籍出版社1978年版。

6. 朱谦之:《老子校释》,中华书局1984年版。

7. 荆门博物馆:《郭店楚墓竹简》,文物出版社1998年版。

8. 陈鼓应:《老子今注今译》,商务印书馆2003年版。

9. 严遵:《老子指归译注》,王德有译注本,商务印书馆2004年版。

10. 马恒君:《老子正宗》,华夏出版社2006年版。

11. 刘笑敢:《老子古今》,中国社会科学出版社2006年版。

12. 王弼注、楼宇烈校释:《老子道德经注校释》,中华书局2008年版。

13. 熊铁基、陈红星:《老子集成》,宗教文化出版社2011年版。

14.《北京大学藏西汉竹书·贰》,上海古籍出版社2012年版。

15. 董京泉:《老子道德经新编》(上、下卷),中国社会科学出版社2012年版。

16. 詹石窗:《道德经通解》,宗教文化出版社2017年版。

17. 牟钟鉴:《老子新说》,商务印书馆2021年版。

18. 吴文文:《北大汉简老子译注》,中华书局2022年版。

# 后 记

我出生于20世纪50年代，与大多同龄人一样，名字带有明显的时代色彩。“大鸣”、“大明”拟或“鸣放”，似乎成了首选。与我同届的同学，便有三个“大明”，一个“鸣放”。到了上学的年龄，先父便为我取名“济民”，含义“济世利民”，饱含着先父那一代知识分子深深烙印于精神世界里的浓厚的家国情怀和冀望子孙后代成为报效国家和人民栋梁之材的殷切期盼。所以，我报名上小学时，用的姓名就是陈济民。或许是“大明”叫着顺口，家人与同学一直这样叫，而“济民”终未传开。于是，在后来填写相关表格时，便成了曾用名。再后来，发文章、著书，又成笔名了。

时代环境使然，重名者多。同样，在研老注老蔚成风气的当下，书名亦不好取。此前，我先后写作出版了《道德经导读》《道德经新注新译》《老子与道德经》《老子现代说》等，这次在为这本书取名上，颇费踌躇。斟酌再三，最终仍遵从老子“信言不美”的告诫，既然对《道德经》是按照原文、对译、注释、新解和名家品评的格式安排的，不妨就实话实说，书名便取作《〈道德经〉新注新解》，经由这种方式，与老子这位享誉世界的历史文化名人，伟大的思想家、哲学家、道家学派创始人进行了又一次跨越时空的对话。

每一次走近老子，每一次进入老子精心建构的巍巍然、煌煌然的思想殿堂，在字字珠玑的感叹中学道、悟道、体道，总是如迎朝阳，如沐春风。接续伟大圣哲思想的端口，传承杰出乡贤思想的精华，似乎通体已然透亮了。

《道德经》所蕴涵的思想的力量无穷无尽。这样一部涵天覆地、博大精深的原创性的哲学巨著之成为经典，就在于从她问世的那一天起，在2500多年的不同时空的坐标上，均有人在试图解读她、体悟她，从中汲取思想的营养、构建精神的家园，以为当代、当时的镜鉴。这便是经典的魅力，这也是经典的作用。正是这种无与伦比的魅力与作用，使得《道德经》常读常新，并成为永恒。

陈鼓应先生一直热切关注着老子《道德经》的传播普及。他对我从普及视角注释、新解《道德经》非常支持，审核了全部书稿，提出了修改意见，并在百忙中赐序；他对我与宋丹丹联袂主讲的“典籍周口·智慧之光——《道德经》随谈”很感兴趣，每期均认真观看，多次谈到这是运用现代传媒手段传播老子《道德经》的有益尝试，采用实景拍摄，由老子故里本土学者讲述，并具学理支撑，自有不同别处的理解与韵致，在海内外尚属首创，应该坚持下去。先生的耳提面命，每每令人茅塞顿开，心生钦敬。拙作即将付梓之际，谨向陈鼓应先生表示衷心的感谢！

周口市委、市政府秉持着力打造“道德名城·魅力周口”历史文化标识理念，着力推进自伏羲开其端、老子集大成的道德文明及其价值取向在新时代的创造性转化、创新性发展，是一项功在当代、泽被千秋的社会系统工程，也是中华优秀传统文化传承史上的幸事、大事。我能以新注与新解老子《道德经》的方式参与其中，深为感奋与荣幸。恰逢周口市委宣传部组织编纂出版“周口历史文化典籍丛书”，周口市社科联给予具体指导，催生了拙作，并形成河南兴文化工程文化研究专项许可纳入项目“《道德经》译注与导读”的阶段性成果；鹿邑县委宣传部、鹿邑县文联助力笔者写作，安排处理相关事宜；老子研究院领导提供了优美环境和办公条件，学术研究部和中国老子文化研究中心的诸位同仁协助搜集资料，处理打印校对事务；老伴伟亚悉心打理家务，使我得以专心研究与写作。在此，谨对各位领导、同仁和家人表示深深的谢忱！

在更广的层面上传承发展老子思想，传播普及《道德经》，开发弘扬老子文化，是当代学人和工作、生活在老子这位大圣哲故里的文化守护者义不容辞的神圣历史使命。这本小书是一个尝试，舛误之处难免，敬祈方家教正。

是为记。

陈大明

壬寅虎年阳春记于鹿邑老子研究院